D1732203

Gerhard Hastreiter, Frank Höselbarth
und Horst J. Kayser (Hg.)

# Inhouse Consulting

Gerhard Hastreiter, Frank Höselbarth
und Horst J. Kayser (Hg.)

# Inhouse Consulting

Hat die Industrie die besseren Berater?

**Frankfurter Allgemeine Buch**

Bibliografische Information der Deutschen Nationalbibliothek
Die Deutsche Nationalbibliothek verzeichnet diese Publikation
in der Deutschen Nationalbibliografie; detaillierte bibliografische
Daten sind im Internet über http://dnb.d-nb.de abrufbar.

Gerhard Hastreiter, Frank Höselbarth und Horst J. Kayser (Hg.)
**Inhouse Consulting**
Hat die Industrie die besseren Berater?

Frankfurter Societäts-Medien GmbH
Frankenallee 71–81
60327 Frankfurt am Main
Geschäftsführung: Oliver Rohloff

1. Auflage
Frankfurt am Main 2015

ISBN 978-3-95601-117-7

## 𝔉rankfurter Allgemeine Buch

| | |
|---|---|
| Copyright | Frankfurter Societäts-Medien GmbH |
| | Frankenallee 71–81 |
| | 60327 Frankfurt am Main |
| Umschlag | Anja Desch, FRANKFURT BUSINESS MEDIA GmbH – |
| | Der F.A.Z.-Fachverlag, 60327 Frankfurt am Main |
| Satz | Wolfgang Barus, Frankfurt am Main |
| Titelbild | © bittedankeschön – Fotolia.com |
| Druck | CPI books GmbH, Leck |

Alle Rechte, auch die des auszugsweisen Nachdrucks, vorbehalten.

Printed in Germany

Dem Andenken an David Rothblum, חיים
der Beratern Arroganz austreiben wollte

# Inhalt

# Vorwort der Herausgeber

Vor 20 Jahren wurde Inhouse Consulting ins Leben gerufen. Die Pioniere kommen in diesem Buch ebenso zu Wort wie die nachfolgende Generation der Leiter des heutigen internen Consulting. Sie verantworten die souverän gewordenen Einheiten interner Beratungen der DAX-30-Konzerne und anderer Großunternehmen, die im Focus der vorliegenden Publikation stehen. Die „lessons learnt" von zwei Jahrzehnten sind bewertet. Es ist ein Buch der gesamten Branche geworden, das einen Überblick über die Inhouse-Beratungen der Konzerne gibt und Handlungsempfehlungen für die Leitung und den Aufbau neuer Beratungseinheiten. Die Themen Karriere im Konzern und Kooperationen zwischen externen und internen Beratungen sind in eigenen Kapiteln verdichtet. Die führenden Inhouse-Beratungen sind in komprimierten Porträts, vergleichend und jedes seiner Individualität Raum gebend, dargestellt. Das Buch enthält im Untertitel die provokant erscheinende Frage: „Hat die Industrie die besseren Berater?" Der Leser möge selbst entscheiden.

An dieser Stelle wollen wir unseren tiefen Dank aussprechen an alle, die am Zustandekommen dieses Branchenleitfadens durch Ideenimpulse, Verfassen eigener Beiträge oder der Unterstützung der Beratungsporträts mitgewirkt und damit ihre Erfahrungen und Kenntnisse in „Best-Practices" der Öffentlichkeit zur Verfügung gestellt haben: Ludwig-Daniel Angeli, Nadine Bose, Cornelius Clauser, Francis Deprez, Alexandre Dietz, Bernhard Falk, Rainer Feurer, Hartmut Fischer, Klaus Grellmann, Klaus-Peter Gushurst, Dirk-Christian Haas, Liudmila Hack, Rainer Hoffmann, Bettina Junglas, Birgit Kienzle, Rafael Kirschner, Ralf Klinge, Christian Langer, Felix Ludwig, Björn Menden, Yasemin Mehmet, Alexander Meyer auf der Heyde, Sania A. de Miroschedji, Sabine Müller, Hans-Jürgen Müller, Torsten Oltmanns, Nanna Rapp, Corinne Reisert, Sina Ruderman, Olaf Salm, Martin Scholich, Fabian Schroeder, Burkhard Schwenker, Kay Thielemann, Jörg Wacker, Jürgen Weber, Heike Wiegand und Sandra Wirfs. Ihnen allen sei im Namen der Herausgeber herzlich gedankt. Gedankt sei auch Danja Hetjens, Verlagsleiterin Frankfurter Allgemeine Buch, die das Projekt von Anfang an mit großem Engagement unterstützt und bis zur Fertigstellung pilotiert hat.

Frankfurt am Main / München, September 2015
Gerhard Hastreiter, Frank Höselbarth, Horst J. Kayser

# Interne und externe Unternehmensberatung im Wandel eines Jahrzehnts

## Inhouse Consulting – Hat die Industrie die besseren Berater?

Frank Höselbarth, people + brand agency

## Einleitung

Diese Einführung ist in vier Abschnitte gegliedert. Teil I zeichnet die Markenentwicklung der externen Unternehmensberatungen von 2003 bis heute nach. Wichtig ist dabei die Perspektive, unter der die vergleichende Entwicklung externer Beratungen vorgenommen wird: die innere Dynamik des Entwicklungs-Prozesses der Unternehmensberatungen, der von den bekannten Managementberatungen, den Advisory-Sparten der großen Wirtschaftsprüfungsgesellschaften und hochspezialisierten Beratungs-Boutiquen bestimmt wird, ist wesentlich geprägt von der beherrschend gewordenen Tendenz der Beratung zur Umsetzung. Das Implementierungsdiktat ist der „leitende Gedanke" (Helmuth von Moltke), unter dem die Entwicklung der externen Beratungen in den letzten zwölf Jahren seit dem Ende der New Economy sowie der Separation von Prüfung und Beratung dargestellt werden. Strategien ohne Umsetzung sind blind.

Implementierungsdruck als Treiber der jüngsten Entwicklung auf dem Boden externer Beratungen spiegelt und bestätigt die inhaltliche Ausrichtung des Inhouse Consulting, das seit seiner Gründung Mitte der 90er Jahre, pionierhaft von der Siemens Management Consulting ins Leben gerufen, immer schon aufgrund seiner höheren Nähe zum Management und den unternehmerischen Prozessen unter dem Diktat der Umsetzung steht.

Der zweite Teil beschreibt das Inhouse Consulting, das sich als vierte Säule fest am Beratungsmarkt etabliert hat. Über 40 Prozent der Beratungsmandate vertrauen heute große und mittelständische Unternehmen nicht mehr den externen Anbietern von Professional Serviceleistungen an, sondern beauftragen ihre eigenen Beratungs-Units. Die internen Beratungseinheiten der DAX-30-Konzerne nehmen dabei einen „dualen Geschäftsauftrag" wahr: Dieser liegt zum einen in der Durchführung vorstandsnaher Projektarbeit und zum anderen in der gezielten Vorbereitung auf die zukünftige Managementaufgaben innerhalb eines Konzerns.

Das zunehmend attraktiver gewordene Laufbahnmodell der „Karriereschmiede" im „Talent-Pool" des Inhouse Consulting wird in Teil III dem klassischen, etwas aus dem Zeitgeist gefallenen Karrierepfad des „Up-or-Out" gegenübergestellt, auf dem die persönliche Entwicklung externer Berater beruht. Dieser Abschnitt analysiert die ausgewogene Struktur der Ausbildungshintergründe und des Qualifikations-Mix interner Consultants aus den Bereichen Hochschule, Industrie und externer Beratung, die die Objektivität interner Beratung garantiert und verhindert, als „Propheten im eigenen Lande" nicht ernst genommen zu werden.

Im vierten Teil werden die neuen unternehmerischen Kooperationsformen zwischen externen und internen Beratungen mit der Industrie dargestellt, die seit 2012 entstanden sind. Parallel zu der in Teil I gezeigten Fusionsstrategie der Wirtschaftsprüfungsgesellschaften sind auch die jüngsten Joint Ventures getrieben von der inneren Notwendigkeit, Strategie und Umsetzung zu verbinden. In der gemeinsamen Unternehmensgründung zwischen Lufthansa Technik und McKinsey trägt der als reine Managementberatung wahrgenommene Marktführer „dem Anspruch Rechnung, Implementierung als unverzichtbaren Bestandteil der Beratung zu begreifen." Grundlegende Überlegungen zu strategischen Kooperationen zwischen interner und externer Beratung, die das Verhältnis von industriellem Auftraggeber und beratendem Dienstleister verändern könnten, werden vorgestellt.

Diese Aufteilung der Einleitung entspricht der Kapiteleinteilung über Gründung, Karriere und Kooperationen, in denen jeweils die Top-Manager interner und externer Beratungen Original-Beiträge verfasst haben.

An den Schluss des Buches ist ein Exkurs über den von Charles Sanders Peirce begründeten amerikanischen Pragmatismus gestellt. Diese Philosophie ist die eigentliche Wurzel und inhaltliche Begründung für die Transformation der Strategie in Umsetzung, in der das Verhältnis von Theorie und Praxis grundsätzlich auf neue Füße gestellt wird. Es geht dabei um „das Problem der vorgängigen Vermittlung des theoretischen Sinns durch reale Praxis", ohne die Strategie bedeutungslos geworden ist. Mit dem Exkurs über den philosophischen Pragmatismus schließt sich der Kreis mit der Perspektive des Anfangs, Beratungen unter der inneren Dynamik ihrer Entwicklung zur Umsetzung zu begreifen.

## A. Die Entwicklung externer Unternehmensberatungen von 2003 bis heute

### Ende der Dominanz der Top-Strategieberatungen

Im ersten Jahrzehnt des 21. Jahrhunderts galten nur die Top-Managementberatungen als die stärksten externen Consulting-Marken in Deutschland. Von 2003 bis 2010 bildeten uneingeschränkt die Top 5-Managementberatungen von McKinsey, Boston Consulting Group (BCG), Roland Berger Strategy Consultants, A.T. Kearney und Bain die Beratungselite. Die „Big Brands" am Consultingmarkt waren ein exklusiver Club ausschließlich von Managementberatungen mit hoher Strategiekompetenz. Die rasante Aufwärtsentwicklung der Wirtschaftsprüfungsgesellschaften hat diese geschlossene Situation geändert. Nach der Aufhebung der Trennung von Prüfung und Beratung haben die großen Wirtschaftsprüfungsgesellschaften seit dem Jahr 2007 wieder damit begonnen, massiv ihre Advisory-Sparten aufzubauen. Diese Offensiven waren von Erfolg gekrönt und führten zu einem grundsätzlichen Neuentwurf der Landkarte der Beratungen.

### Dualismus an der Spitze

Das Markenranking innerhalb der Top 5-Managementberatungen war in sich noch einmal aufgegliedert: An der Spitze hatte sich ein feiner Dualismus der meritokratisch aufgestellten Strategieberatungen von McKinsey und BCG etabliert. Mit einem deutlichen Abstand zu diesen beiden führenden Beratungsgesellschaften festigte sich Roland Berger Strategy Consultants als drittstärkste Consulting-Marke. Der einzigen deutschen Managementberatung von internationalem Rang folgten auf den Plätzen 4 und 5 A.T. Kearney und Bain & Company auf vergleichbarem Markenniveau.

Diese Marktaufteilung veränderte sich im Zuge des machtvollen Aufbaus der Beratungssparten der Big 4 der Wirtschaftsprüfungsgesellschaften (WP) radikal. Wie aus dem Nichts katapultierte sich im Jahr 2011 die erste WP-basierte Unternehmensberatung in den Kreis der bislang etablierten Top-Beratungen. In der Markenwahrnehmung

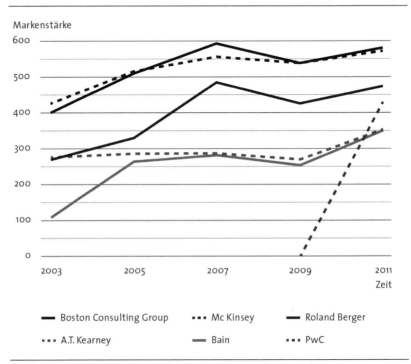

Markenstärke

Boston Consulting Group    ••• Mc Kinsey    Roland Berger

••• A.T. Kearney    Bain    ••• PwC

*Die Top 6-Beratermarken im Zeitergleich Beratermarken 2003 bis 2011, Quelle Höselbarth-Lay-Index®*

überflügelte PricewaterhouseCoopers (PwC) Advisory die Managementberatungen A.T. Kearney, und Bain und setzte sich dicht hinter Roland Berger Strategy Consultants auf Rang 4 unter den stärksten Beratungs-Brands. Das Jahr 2011 markiert damit einen Paukenschlag in der bisherigen Rangfolge der Unternehmensberatungen. Mit diesem Jahr der Zäsuren muss die Karte der Beratungslandschaft neu gezeichnet werden.

## Gescheiterte Fusion mit Roland Berger Strategy Consultants

2010 begann zugleich der Feldzug freundlicher Übernahmen ganzer Beratungsunternehmen durch die Big 4 der Wirtschaftsprüfungsgesellschaften. Prominentestes Beispiel für die Fusionen und Übernahmeversuche renommierter Beratungen durch die offensiv auftretenden WPs war Roland Berger Strategy Consultants, die nach drei Jahren intensiver Verhandlungsführung und Due Diligence-Prüfung schließlich scheiterten.

## „Multi-Spezialistentum" als Akquisitions-Strategie

Der Kauf hochspezialisierter Boutique-Beratungen durch die WPs dagegen glückte in mehreren Fällen. Die Akquisitionsstrategie hinter den Investitionen lag in der Abrundung und Vertiefung des Leistungsportfolios durch Zukäufe von Spezialisten. Anfänglich fokussierten sich die Fusionen insbesondere auf den Bereich des Supply Chain Managements (SCM), das infolge der Globalisierung industrieller Lieferketten und dem daraus resultierenden Optierungsbedarf erhöhten Beratungsbedarf auslöste. Die Dichte der Zukäufe der SCM-Spezialisten PRTM, BrainNet und zuletzt J+M ist signifikant. Die Akquisitionsstrategie bei KPMG wurde pointiert, aber auch kalkuliert widersprüchlich vom Wettbewerb als „Multispezialistentum" (Christian Veith) attribuiert.

*Übersicht durchgeführter Fusionen der Big 4 mit Unternehmensberatungen:*

| PwC | KPMG | Deloitte | EY |
|---|---|---|---|
| PRTM | Brainet | Monitor | J+M |
| Booz & Company | Tellsell | | |
| (jetzt Strategy &) | Dr. Geke | | |
| Management Engineers* | Stratley | | |
| *zuvor von Booz & Company erworben | | | |

## Zwei gelungene Kommunikationskampagnen

Zwei Fusionen wurden in gezielten Marketing- und Kommunikationskampagnen präsentiert, während sich andere Übernahmen in stiller Integration vollzogen. Der Markenauftritt der Fusion des SCM-Spezialisten J+M Management Consulting mit Ernst & Young, heute nach Re-Branding EY, überzeugte durch eine positiv aufgeladene, emotionale Bildsprache (vgl. den Beitrag über die EY/J+M-Kampagne).

„We are changing the Consulting Industry. Raise your expectations" titelt die in USA entworfene Marketing- und Kommunikationskampagne die Fusion von PwC und „Strategy & Formerly Booz & Company" (vgl. den Beitrag in diesem Buch).

## Fusionen mit Managementberatungen

Die zwar gescheiterte, aber strategisch richtungsweisend gedachte Fusion zwischen PwC und Roland Berger Strategy Consultants gewann in den Verhandlungen der WP-Gesellschaft mit der Strategieberatung Booz & Company ihre Neuauflage. Die ersten Fusionsgespräche mit dem Münchner Beratungshaus waren nicht aus inhaltlichen Gründen, etwa der mangelnden Kompatibilität der Beratungsansätze, gescheitert; die Fusion kam schließlich wegen unterschiedlicher Kaufpreiserwartungen nicht zustande.

## „Category of One"

Der Durchbruch gelang mit dem Fusionsangebot von PwC an Booz & Company, der die weltweiten Partner im Dezember 2013 zustimmten. (geschätzter Kaufpreis: 700 Millionen US-Dollar). „Wir meinen, dass wir dadurch unsere ganz eigene Kategorie geschaffen haben — denn wir sind das einzige internationale Consulting-Team, das herausgefunden hat, wie man das Beste aus Betriebs- und Strategieberatung wirklich unter einen Hut bringt", begründete Cesare Mainardi, CEO von Booz & Company den Schritt zur Fusion mit PwC. In der Schaffung einer „Category of One" lag das Neue der Fusion. Ziel des Zusammengehens einer WP-basierten, eher auf „Operations" ausgerichteten Beratungsgesellschaft und einer Managementberatung mit dem Schwerpunkt der Strategie, lag in der symbiotischen Schaffung einer Einheit im Beratungsportfolio aus Strategie und Umsetzung. „Strategy through execution" bezeichnet die Intention einer gesamtheitlichen Ausrichtung der Beratungsdienstleistung von der Strategie bis zur Umsetzung. Die Realisierung dieses holistischen Gesamtansatzes der Beratung war das Ziel und die innere Dynamik des Fusionsprozesses, der seit 2010 mit positiver Aggression von den WPs vorangetrieben wurde. „Strategy &" ist der etwas „am Reißbrett entworfen" (Julia Löhr) klingende Name der Summenformel für die Einheit aus Strategie und Umsetzung. In der kreativen Neuschöpfung dieses einheitlichen Modells positioniert PwC seine Unique Selling Proposition (USP) gegenüber anderen Unternehmensberatungen, die gegenüber ihren Klienten diesen Wettbewerbsvorteil weniger dominant entfalten können. In dieser Richtung bedeutsam ist ebenfalls die Übernahme von Monitor durch Deloitte Consulting. Beide Fusionen dokumentieren, dass es außerhalb der operationalen Umsetzung keine wertschaffende Strategie gibt. Ohne Realisierung ist ein strategisches Konzept wertlos.

## Gestiegene Relevanz der WPs

Das neue holistische Modell ist eine selbstbewusste Konfrontation der WPs mit der konzeptionellen Ausrichtung reiner Strategieberatungen. Die wahrgenommene Relevanz der Wirtschaftsprüfungen hatte sich dabei schon über die Jahre kontinuierlich erhöht.

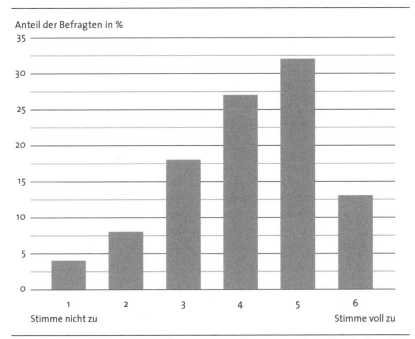

*Corporate Brand Awareness: Wahrgenommene Relevanz großer Wirtschaftsprüfungen aus der Sicht von Unternehmensberatern in Deutschland.*
*BDU-Umfrage: „Große Wirtschaftsprüfungen werden zunehmend ein relevanter Wettbewerbsfaktor für Top-Beratungen"*

Die Positionierungsaktivitäten der internationalen WPs — PwC bildet dabei gegenwärtig „leading edge" — sind zu einem stilbildenden Paradigma für die Aufstellungen von Beratungsdienstleistungen insgesamt avanciert. Die Einheit aus Strategie und Umsetzung ist zum Vorbild professioneller Beratungsdienstleistungen geworden, an denen sich Leistungsversprechen messen lassen müssen. Die Stärken von Booz & Company liegen vor allem in ihrer internationalen Aufstellung mit besonderer Ausrichtung auf ihre traditionellen Kernmärkte in USA und Middle East. Diese marktführende Stellung, insbesondere etwa auf dem Feld der Public Sector-Beratung, werden ergänzt um die Beratungsaktivitäten der Strategieberatung in der DACH-Region (Deutschland, Österreich und Schweiz). Entscheidend aber ist die Erreichung des qualitativ neuen Beratungsmodells, das in der beanspruchten Einheit von Strategie und Implementierung liegt (siehe Abbildung rechts).

Im Zeitraum der Jahre von 2011 und 2012 ist nach den Kriterien Bekanntheit, Betriebsergebnis-Erhöhung und Ruf BCG knapp führend vor McKinsey an der Doppelspitze. Roland Berger Strategy Consultants nahm den dritten Rang unter den Managementberatungen ein. Darauf folgen in dichtem Abstand A.T. Kearney, Bain und Booz & Company laut empirischen Studien im Rahmen des Höselbarth-Lay-Index für diese Zeitspanne.

## Aufstieg auch von KPMG

In den Folgejahren nach 2011 entwickelten sich auch alle anderen Beratungen der Big 4 im Ranking der führenden Beratungen weiter. Sie prägen von nun an das Bild an der Spitze der Beratungsgesellschaften. Parallel zu der Entwicklung von PwC zwei Jahre zuvor ist auch KPMG als zweite WP-basierte Beratung in das Ranking der Top 7-Beratungsmarken in der Wahrnehmung der Industrie steil aufgestiegen. Die Fusionen mit den Beratungs-Boutiquen haben auf das Markenkonto der WP-Beratung positiv eingezahlt, während sich die Markenstärke fast aller anderen Consultingfirmen leicht verringerte.

## 2011

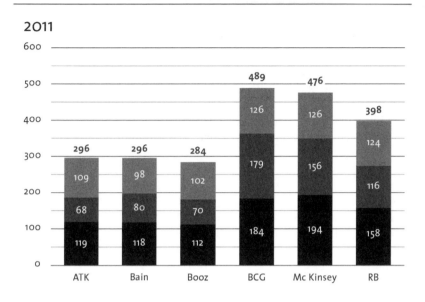

## 2012

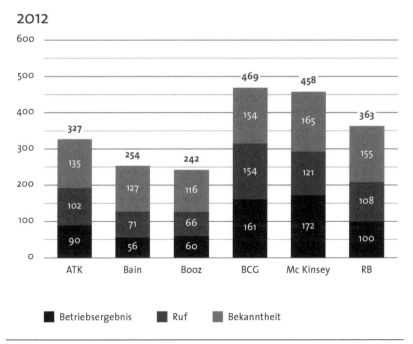

- ■ Betriebsergebnis  ■ Ruf  ▨ Bekanntheit

*Corporate Brand Awareness: Darstellung der Markenstärke aus Kundensicht*

Die WP-basierten Beratungen rücken auf breiter Front vor. Erstmals im Jahr 2014 rangieren alle Big 4-Beratungen unter den Top 10-Beratungsmarken, Deloitte unmittelbar folgend auf Rang 11 mit geringfügigstem Unterschied auf Rang 10. Die Markenstärke ist dabei gemessen nach den Kriterien der Bekanntheit der Unternehmensberatungen, der Erhöhung des Betriebsergebnisses beim Kunden durch eine Beratungsleistung (Return-on-Consulting) sowie dem Ruf der Beratungen.

*Top11-Beratungen im Jahr 2014*

| | |
|---|---|
| BCG | 2,15 |
| McK | 1,99 |
| Porsche Consulting | 1,95 |
| Bain | 1,91 |
| Roland Berger | 1,88 |
| PwC | 1,83 |
| EY | 1,77 |
| KPMG | 1,72 |
| Oliver Wyman | 1,68 |
| Simon Kucher und Partner | 1,67 |
| Deloitte | 1,66 |

Die ermittelte Punktzahl ergibt sich als gewichtete Durchschnittsnote der einzelnen Kategorien der Markenstärke (Summe aus Bekanntheit und Ruf), Wertsteigerung (Return-on-Consulting) und Projekterfolg in der Evaluation eingereichter Projekte bei dem renommierten Branchen-Award „Best-of-Consulting." Die Ergebnisse der Top 10-Beratungen laut empirischer Studie des Jahres 2014 der WirtschaftsWoche auf Basis des Höselbarth-Lay-Index sind veröffentlicht in der Wirtschafts-Woche, Print-Ausgabe Nr. 45 vom 3.11.2014 unter dem Titel „Rückkehr der Platzhirsche".

## Dreiteilung des Beratermarktes

Die Reihenfolge der führenden zwölf Beratungsmarken zeigt dabei ein deutlich konturiertes Bild, das sich in drei Kategorien aufteilt:
1. Top-Managementberatungen mit dem Dualismus aus BCG und McK an der Spitze

2. den Advisory-Sparten der Big 4 der internationalen Wirtschaftsprüfungsgesellschaften
3. Spezialberatungen und Boutiquen

Die führende Markenstärke der Managementberatungen hat sich entsprechend der Datenchronologie seit 2003 fest institutionalisiert. Erstmals haben sich seit 2014 alle WP-basierten Beratungseinheiten der Big 4 unter den Top 10 der starken Marken durchgesetzt. Als dritte Gruppe zählen die mittelgroßen Beratungen mit markant positioniertem Profil zu den Top-Marken. Dazu gehören Simon Kucher & Partner (SKP) mit ihrer Pricing-Kompetenz, Porsche Consulting (Kaizen) sowie dauerhaft auch Horváth & Partner (Controlling, Unternehmenssteuerung). Oliver Wyman ist aus der scharf konturierten Risikomanagement-Boutique hervorgegangen und hat sich nach der Fusion mit Mercer als generalistische Managementberatung weiterentwickelt.

### Aufstieg durch Umsetzung

Der Grund für die Etablierung der WP-basierten Unternehmensberatungen unter den Top-Marken liegt in ihrer Ausrichtung auf die „Operations". Beratung ist Umsetzung. Der Implementierungsfokus kennzeichnet den Beratungsansatz von WP-basierten Unternehmensberatungen in wettbewerbsbestimmender Weise. Die Erwartungshaltung von Klienten an eine Beratungsleistung verdichtete sich immer stärker auf ihre überprüfbare Messbarkeit am „Return-on-Consulting". Klienten wollen konkrete Umsetzungserfolge, an denen sich eine Beratungsleistung messen lässt. Die immer schon an Zahlen und Kennziffern orientierten WPs bieten diese quantifizierbaren Leistungsversprechen mit ihrer operationalistischen Beratungsdienstleistung.

### Differenzierung nach Bekanntheit, Ruf und Return-on-Consulting (RoC)

Für die Aufstellung der Top 15-Beratungen nach den drei Kriterien Bekanntheit, Betriebsergebnis-Erhöhung (RoC) und Ruf ergibt sich folgendes Detailbild der führenden 15 Beratungsmarken (siehe S. 24).

BCG begründet seine Markenführerschaft als stärkste Beratungsmarke seit drei Jahren in erster Linie über seinen herausragenden Ruf. Der Pionier der Strategieberatung genießt mit der besten Reputation aller Beratungen eine Art „weiße Weste" beim Top-Management der Indus-

| | Bekannt 100 % | Ruf | | Markstärke | | RoC | |
|---|---|---|---|---|---|---|---|
| McK | 1 | BCG | 1,41 | BCG | 2,31 | PwC | 2,07 |
| BCG | 0,9 | Porsche | 1,31 | McK | 1,97 | RB | 2,05 |
| RolandBerger | 0,9 | Bain | 1,18 | Porsche | 1,9 | McK | 2,01 |
| Deloitte | 0,86 | SternStewart | 1,08 | Bain | 1,83 | Bain | 2 |
| KPMG | 0,82 | OliverWyman | 1,07 | RB | 1,73 | BCG | 2 |
| EY | 0,81 | SKP | 1,01 | EY | 1,68 | Porsche | 2 |
| PwC | 0,81 | McK | 0,97 | PwC | 1,61 | SKP | 1,94 |
| Accenture | 0,81 | EY | 0,87 | KPMG | 1,58 | KPMG | 1,88 |
| ATK | 0,73 | RolandBerger | 0,83 | Deloitte | 1,54 | OW | 1,88 |
| ADL | 0,72 | PwC | 0,8 | OW | 1,51 | EY | 1,87 |
| CapGemini | 0,71 | KPMG | 0,76 | ATK | 1,44 | Stern | 1,81 |
| Bain | 0,65 | Rödl | 0,74 | SKP | 1,44 | Deloitte | 1,79 |
| Porsche | 0,59 | Horvath | 0,73 | Horvath | 1,31 | ATK | 1,74 |
| Horváth | 0,58 | ATK | 0,71 | Stern | 1,3 | ADL | 1,7 |
| BearingPoint | 0,57 | Deloitte | 0,68 | Accenture | 1,24 | Horvath | 1,68 |

*Award „Best-of-Consulting" der WirtschaftsWoche 2014 auf der Basis des Höselbarth-Lay-Index® (Quelle: „Rückkehr der Platzhirsche", WirtschaftsWoche Nr. 45 vom 3.11.2014*

trie. In den vergangenen Jahren hat BCG jedoch eine deutliche Armierung seiner wertsteigernden RoC-Kompetenz vorgenommen und ist gerade in der Kombination mit ihrem verlässlich guten Ruf zur Top-Marke avanciert.

Dagegen erzielt McKinsey beim Ruf nur mittlere Werte (Platz 7). Die „Firma" polarisiert stark in ihrer Wahrnehmung bei der Industrie in passionierte Verehrer und glühende Hasser der Marke. Anders als beim direkten Wettbewerber BCG wird das Leistungsversprechen von McKinsey wesentlich über den Return-on-Consulting (RoC) eingelöst. Nach dem Kriterium der Erhöhung des Betriebsergebnisses beim Kunden ist seit Beginn der Messung der Markenstärke von Beratungen im Jahr 2003 McKinsey fast immer die führende Unternehmensberatung in der Kategorie der wertsteigernden Beratungsleistung RoC, dem Gravitationszentrum der repräsentativen, empirischen Studie.

Die Managementberatungen haben die Beratungslandschaft im vergangenen Jahrzehnt dominiert, herausragend mit McKinsey und BCG als Doppelspitze. Dieses Bild veränderte sich durch den positiv aggressiven Auftritt der schnell aufgebauten Adivsory-Einheiten der Wirtschaftsprüfungsgesellschaften nachhaltig. Gezielte Fusionen der WPs mit Consultingfirmen haben die Beratungslandschaft neu skizziert. Treiber der Veränderung ist das Diktat der Beratung zur Umsetzung. Die auf „Operations" ausgerichteten WPs haben ihre Prägekraft einem holistischen Beratungsmodell aufgedrückt, das in der Einheit aus Strategie und Implementierung besteht. Leistungsversprechen von Beratungen werden durch ihre kaufmännische Wirksamkeit beim Klienten in Form konkreter Wertsteigerungen durch einen erhöhten Return-on-Consulting messbar.

# B. Die Entwicklung des Inhouse Consulting

Bereits der Rekurs auf die etymologische Bedeutung des Begriffs der „Beratung" verweist auf seine genuine Herkunft aus dem „Inhouse Consulting".

### Beraten kommt von „Haus-Rat"

Das Wort „Beratung" hat einen Bedeutungswandel ersten Ranges durchlaufen. Ursprünglich stammt der Begriff der „Beratung" und des „Rates" von dem Wort „Haus-Rat" ab. Als „Hausrat" bezeichnet man in einem Haushalt alle diejenigen Gegenstände, die zur Einrichtung gehören, im Haushalt gebraucht oder verbraucht werden. Der Begriff verweist in seiner Herkunft auf das griechische Wort oikos für „Ökonomie", das übersetzt richtiges Haushalten, zuteilen und entscheiden in einem Haus bedeutet. „Inhouse-Beratung" stellen wir daher entsprechend seiner Etymologie des „Haus-Rats" wieder in diesen ökonomischen Kontext effektiven Haushaltens zurück.

„Unrat" demgegenüber ist alles das, was nicht zur Einrichtung eines Hauses passt und dort falsch gebraucht oder verschwendet wird. Haushalten erfordert den „rationalen Umgang mit Gütern, die nur beschränkt verfügbar sind." Gutes Haushalten steht prinzipiell unter der restriktiven Bedingung knapper Ressourcen. Verschwendung ist dabei grundsätzlich „jede menschliche Aktivität, die Ressourcen verbraucht, aber keinen Wert erzeugt" (Wallace Hopp).

Von seinen Wurzeln her ist Beratung also immer schon „Inhouse-Beratung". Beratung kommt da wieder zu sich selbst und besinnt sich der Ursprünge seiner Bedeutung, wo sie Inhouse-Beratung ist und auf die Herkunft seiner Begrifflichkeit aus dem „Haus-Rat" reflektiert. Beratung kommt im Inhouse Consulting wieder nach Hause.

### „Dichter dran"

Die Gesamtentwicklungsrichtung des Consulting zu mehr Umsetzung und zur Konvergenz von Strategie und Umsetzung beförderte in der jüngsten Vergangenheit einen weiteren starken Trend. Im zunächst noch unbeobachteten Windschatten der erstarkten Advisory-Sparten der WPs haben die Inhouse-Beratungen von DAX- und MDAX-Unternehmen enorm an Bedeutung gewonnen. Da Beratung tendenziell immer stärker auf die Umsetzung ausgelegt ist, haben die Beratungseinheiten der Industrie ihren Wettbewerbsvorteil gegenüber den externen Beratungen erkannt. Sie bauten ihren Vorteil aus, „dichter dran" am Management und den Unternehmensprozessen zu sein. „Dichter dran" heißt die gemeinsame Kommunikationsplattform der Inhouse-Beratungen von DAX-Konzernen und Mittelstandsunternehmen, die die höhere Nähe zu den Entscheidern und Prozessen dezidiert ausdrückt.

### Inhouse Consulting wird 4. Säule am Beratungsmarkt

Der Trend zur umsetzungsnahen Beratung, der von den Big 4 in den letzten Jahren vorgelebt wurde, verstärkte den neuen Trend hin zum Inhouse Consulting (IHC). Die Industrieunternehmen haben in den vergangenen Jahren massiv eigene Beratungseinheiten aufgebaut. Das Inhouse Consulting entwickelte sich dabei zur vierten Kraft am Beratungsmarkt. Die innere Dynamik der Entwicklung der Beratung hin zur Umsetzung führte zu einer neuen Aufteilung des Consulting-Marktes. Seine Dreiteilung erweiterte sich um eine vierte Säule. Die Zentrifugalkräfte der Umsetzung von Beratung haben einen neuen Markt-Player geformt: Neben den Managementberatungen, den Advisory-Sparten der Big 4 und den scharf positionierten Boutique-Beratungen eroberten die Inhouse-Beratungen der Industrie einen festen Platz am Con-

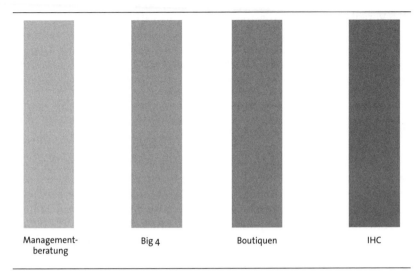

| Management-beratung | Big 4 | Boutiquen | IHC |

*Die vier Säulen der Beratung*

sulting-Markt. Während sich in der Vergangenheit das IHC in einem zyklischen Auf- und Ab bewegte, haben sie sich durch das Diktat zur Umsetzung unumkehrbar als feste Größe etabliert.

### 43 Prozent der Beratungs-Mandate gehen an den eigenen Konzern

Laut einer Studie der WirtschaftsWoche (Award „Best-of-Consulting") aus dem Jahr 2014 über IHC werden heute bereits 43 Prozent der Beratungsmandate von den Unternehmen an ihre eigenen Beratungseinheiten vergeben, Tendenz für das IHC: steigend. Nur noch 57 Prozent der Beratungsaufträge der Industrie gehen an externe Consultingfirmen.

Im Rahmen dieser Studie wurden 189 Unternehmen folgende Fragen vorgelegt (Rücklauf nn=152):
— Wieviel Prozent der Projekte (in Manntagen) gehen an externe Unternehmensberatungen?
— Wieviel an Inhouse-Beratungen (Ergebnis zusammen 100 %)?
— Hat sich die Vergabe an Inhouse-Beratungen verstärkt, verringert oder ist sie gleichgeblieben?

Die Vergabe von Beratungsmandaten an das IHC verstärkte sich laut Studie um 41 Prozent. Nur für 10 Prozent der Industrieunternehmen verringerte sich die Bedeutung des IHC bei der Auftragsvergabe. Gleichgeblieben ist sie für knapp die Hälfte (48,7 %) der 152 antwortenden Führungskräfte großer und mittelständischer Industrieunternehmen.

## Die Beratungen der DAX-30-Konzerne

Es sind insbesondere die DAX-30-Unternehmen, die den Beratern aus dem eigenen Haus wachsendes Vertrauen schenken, wenn es um die Vergabe von Beratungsprojekten geht. 17 DAX-30-Konzerne verfügen oder verfügten über eigene IHC-Unit mit einem dezidierten Selbstverständnis als Inhouse-Beratung. Diese sind: Allianz, BASF, Bayer, Commerzbank, Continental, Daimler, Deutsche Bank, Deutsche Post/ DHL, Deutsche Telekom, E.ON, Lufthansa, Merck, RWE, SAP, Siemens, ThyssenKrupp und Volkswagen. Diese DAX-30-Konzerne verfügen über eigene Consultingabteilungen und bauen diese Einheiten aus, die ihnen auch als Kaderschmieden für den eigenen Führungsnachwuchs dienen. Sein IHC im Jahr 2014 eingestellt hat die Beiersdorf AG, während Daimler seine Inhouse-Beratung seit 2015 neu aufbaut. Die Porträts fast aller Inhouse-Beratungen der DAX-30-Konzerne werden im fünften Kapitel dieses Buches dargestellt, zusätzlich das IHC von Bosch Siemens Hausgeräte und der Deutsche Bahn.

## Die Gründungsphasen des IHC Mitte der 90er Jahre

Die meisten internen Unternehmensberatungen wurden Mitte oder Ende der 90er Jahre gegründet. Gestiegene Anforderungen an die Projektarbeit und Umsetzungsdruck in den Unternehmen bedingten im Wesentlichen ihre Entstehung. Siemens und E.ON beanspruchen, mit der Gründung der internen Strategieberatungen Siemens Management Consulting (SMC) sowie der E.CON als erste Industrieunternehmen den Schritt zu dem „völlig neuen Weg" des Inhouse Consulting eingeschlagen zu haben. Vorformen entstanden in den 70er und 80er Jahren bei Bayer und RWE. 15 Jahre nach den Erstgründungen in den 90er Jahren verfügten bereits rund 80 Prozent aller DAX- und MDAX-Unternehmen über eine eigene interne Beratungseinheit (laut Studie „Inhouse-Consulting in Deutschland", 2010).

## Dualer Geschäftsauftrag

Im Verlauf dieser Erfolgsstory hat sich dabei zunehmend ein „dualer Geschäftsauftrag" herauskristallisiert, den das IHC des E.ON-Konzerns, E.CON, stellvertretend so formuliert. Es gehe beim Ausbau des IHC um:

— zum einen die Realisierung komplexer strategischer und operativer Transformationsvorhaben zur nachhaltigen Steigerung des Unternehmenswerts,
— zum anderen die Ausbildung von Führungskräften für die vielfältigen Anforderungen einer Managementaufgabe im Konzern.

Auch SMC als Pionier des Inhouse Consulting verfolgte von Anfang an diese Doppelstrategie: Erstens „Siemens mit erstklassiger Strategieberatung bestmöglich zu unterstützen, und zweitens Top-Talente für die vielfältigen Anforderungen einer Managementaufgabe bei Siemens auszubilden."

## Denkpartner für das Management

Die erste Komponente des Doppelauftrags drückt das beraterische Selbstverständnis des IHC aus als:

— „Vorausdenker für die Herausforderungen des 21. Jahrhunderts" (SMC)
— „Denk- und Umsetzungspartner für das Management" (Volkswagen Consulting)
— integraler Denk- und Umsetzungspartner im Konzern (E.CON)
— globales Kompetenz-Zentrum für Managementberatung innerhalb des Konzerns (Bayer Business Consulting BBC)

## Die Wissensfunktion der Inhouse-Beratung

Das Inhouse Consulting trägt eine „Wissensfunktion". Die Bündelung unternehmensspezifischen Wissens ist Kern der Aufgabe interner Beratungseinheiten. „Die Wissensfunktion des IHC kommt auch in den Gründungsmotiven interner Beratungseinheiten zum Ausdruck: Die Befragten geben als wichtigste Motive an, Wissen im Konzern effektiver anzusammeln und nutzen zu wollen:" („Knowlegde Goverance von Inhouse Consulting", von Malon Jung, Rick Vogel, Karen Voß). Der „ressourcen- bzw. wissensbasierte Blick" ist Erfolgsfaktor für das IHC.

Das Dienstleistungs-Portfolio der führenden Inhouse-Beratungen umfasst die komplette Wertschöpfungskette von der Strategie bis zu ihrer Umsetzung mit dem Fokus auf Realisierung der beraterischen Konzepte. Das Knowledge-Management des IHC ist im Wesentlichen umsetzungsorientiert. Durch den „Transfer von Wissen" gelingen Performance-Verbesserungen in einem Unternehmen.

## Laufbahn-Modell „Karriereschmiede"

In der Ausbildung von Führungskräften und Top-Talenten für die vielfältigen Managementaufgaben eines Konzerns besteht der zweite Hauptteil des Geschäftsauftrags des IHC. Internes Consulting spielt eine entscheidende Rolle als „Karriereschmiede" eines Unternehmens. Das etwas pejorativ-egoistisch ausgedrückt „Sprungbrett" des IHC empfiehlt sich für höhere Aufgaben im Konzern. Aus dem gebündelten Knowledge-Management ist die Schaffung eines Talent-Pools für Konzerne vorgesehen. Die Abwanderung der Besten („brain-drain") aus dem IHC in Linienverantwortungen des eigenen Konzerns ist bewusst gewollt.

Ein Kriterium, an dem sich die Qualität der Arbeit der Inhouse-Beratung der Bayer AG bemisst, ist die Quote ihrer Abgabe von Leistungsträgern beispielsweise der Bayer Business Consulting (BBC) ins Management des Konzerns. Die Identifizierung und Entwicklung von High Potentials für den Bayer-Konzern ist eines der Qualitätskriterien für die Arbeit von Bayer Business Consulting (BBC) und gilt in dieser Form für alle Inhouse-Beratungen. Das bestimmende Element der Strategie von BBC liegt in dem übergreifenden Sektor „People Management & Operations", der über die komplette Value Chain cross-funktional und regional die Übernahme von Beratern in Linienfunktionen im Konzern fördert (vgl. den Beitrag von Alexander Meyer auf der Heyde in diesem Buch)

## Where do Alumni go?

Für den „Talent Pool" des Inhouse Consulting der Unternehmen wird eine exakte Quote berechnet, wie viel Prozent der Alumni des IHC ins Management des Konzerns wechseln. In der Summe der DAX-30-Konzerne liegt die Quote bei 80 Prozent (vgl. die Auswertung der Porträts der DAX-30-Inhouse-Beratungen im Median-16-Profil, S. 192).

Ziel des IHC ist es, Management-Talente zu entwickeln, die später Top-Positionen im Konzern übernehmen. Die Entwicklung einer Karriere etwa der IHC-Tochter des Siemens-Konzerns erfolgt dabei in den drei Schritten: „Recruiting", „People Development" und „Transfer". Allein mehr als 400 ehemaliger SMC-Berater setzten ihre Karriere in verantwortungsvollen Positionen innerhalb des Siemens-Konzerns fort. Dieser hohe Transfer von internen Beratern in den Konzern, sogenannte „intakes", gilt in dem Technologiekonzern als Ausweis der Qualität geleisteter Arbeit des IHC.

### Ein originärer McKinsey-Gedanke

Dieser zweite Aspekt der „Karriereschmiede" mit dem Ziel der Förderung der Berater für das eigene Management des Unternehmens wird exemplarisch von denjenigen internen Beratungen vorgelebt, deren Leitungspositionen von Ex-McKinsey-Beratern besetzt sind. Der Alumni-Gedanke, die Karriere ehemaliger Berater zu steuern und ihren Übertritt in die Industrie bewusst zu fördern statt ihren Weggang als Illoyalität zu verketzern, gehört zum genetischen Code der Kultur von McKinsey. Andere Beratungsunternehmen haben den Gedanken langfristiger Pflege und Betreuung der Karrieren der Alumni mit dem Ziel des Ausbaus von Netzwerken in der Industrie von McKinsey gelernt und die Frage „Where do Alumni go?" ebenfalls systematisch aufgenommen. Auch die Wettbewerber haben erkannt, dass der Übertritt ehemaliger Berater in Linienfunktionen der Industrie geschäftsstabilisierende Rückwirkungen auf das Beratungsgeschäft haben kann.

Einige der größten Inhouse-Beratungen (Bayer Business Consulting, Deutsche Bank Inhouse Consulting, E.CON und Siemens Management Consulting) werden heute von Ex-McKinsey-Beratern (mit-)geleitet oder sind von ihnen aufgebaut worden. „Erst langsam setzt sich durch, als Leiter dieser Einheiten auch Führungskräfte aus externen Beratungsunternehmen anzuheuern. Wie bei allen neueren Entwicklungen, die für das eigene Unternehmen marketingrelevant sein können, hat auch hier McKinsey & Coup. wieder die Nase vorn." (Niedereichholz, „Inhouse Consulting", München 2010, S. 13)

Um eine umfassende Beratung anbieten zu können, scheint eine „kritische Größe" interner Beratungseinheiten relevant zu sein. Diese liegt bei einem DAX-Unternehmen etwa bei 100 Beratern. „Eine Größe von etwa 100 Beratern bei einem internationalen Konzern wie Bayer mit circa 109.000 Mitarbeitern und rund 33 Milliarden Euro Umsatz hat sich als sinnvoll herausgestellt." (Alexander Moscho, „Inhouse-Consulting in Deutschland", Wiesbaden 2010) Der Konzernbedarf an eigenen Berater/innen ist seither noch einmal deutlich gestiegen.

*Die zwölf größten IHCs (nach Anzahl der Berater) sind:*

| | |
|---|---|
| Allianz | 176 |
| Bayer | 150 |
| Siemens | 110 |
| Deutsche Bank | 110 |
| Volkswagen | 106 |
| Deutsche Post DHL* | ca. 100 |
| RWE | ca. 100 |
| Commerzbank | ca. 100 |
| E.ON | 87 |
| Deutsche Telekom | ca.70 |
| SAP | 70 |
| Deutsche Bahn | ca.70 |

* DHL Consulting ist nach Re-Branding im September 2015 nicht mehr Inhouse Consulting.

## Resümee der Entwicklung der Inhouse-Beratungen seit 1995

Die Entwicklung der externen Beratungen hin zur Umsetzung hat die wachsende Bedeutung des IHC bestärkt, das sich als vierte Säule auf dem Beratungsmarkt fest etabliert hat. Das Implementierungsdiktat der Beratung hat dem IHC in die Hände gespielt, das per se immer schon „dichter dran" ist an den Entscheidern und Prozessen eines Unternehmens. IHC nimmt dabei einen dualen Geschäftsauftrag wahr: Dieser besteht zum einen in der Durchführung einer professionellen, vorstandsnahen Beratung und zum anderen in der gezielten Vorbereitung eines „Talent-Pools" auf die vielfältigen Managementaufgaben innerhalb eines Konzerns. Die internen Beratungseinheiten der umsatzstärksten DAX-30-Konzerne haben die Führungsrolle in der Wahrnehmung der doppelten Aufgabe des IHC übernommen.

# C. Die Attraktivität des strategischen Karrieremodells des Inhouse Consulting

## Sogkraft des Inhouse Consulting für Beraterlaufbahnen

Das Karrieremodell des IHC, nach einer temporären Berateraktivität gezielt in eine anspruchsvolle Linienverantwortung innerhalb des Konzerns zu wechseln, ist vorbildhaft und attraktiv für die Laufbahn eines Beraters. Das Phasenmodell der Karriereschmiede, das interne Beratungseinheiten anbieten, übt hohe Motivationskraft aus. Es ist das „ideale Sprungbrett" für eine spätere Konzernlaufbahn. Externe Berater teilen heute verstärkt die Erwartungshaltung der Übernahme einer Linienverantwortung in einem Konzern, in die ihre Karriere münden soll. Das Modell der Karriereschmiede, das das IHC zur Reife entwickelt hat, übt daher gegenwärtig eine hohe Sogkraft auch auf externe Berater aus, deren Karrierepläne weniger auf das antreibende Movens des Up-or-Out Modells, sondern auf eine planbare Perspektive in einem Konzern mit besserer Life-Work-Balance ausgerichtet sind.

## Ausgewogener Qualifikations-Mix

Das IHC verwirklicht einen dualen Geschäftsauftrag, mit dem es einerseits Beratung auf Top-Niveau ausübt und andererseits attraktive Konzernperspektiven im Sinne einer „Karriereschmiede" anbietet. Es offeriert „steile Lernkurven" mit guten Entwicklungschancen in Stabs- und Führungspositionen im Konzern. Die „High Potentials" und „highly talented individuals" haben innerhalb des Konzerns prognostisch gute Entwicklungsperspektiven, ihre Potentiale in langfristigen Berufs-Optionen zu realisieren.

Der ausgewogene Qualifikations-Mix der Berater und Beraterinnen innerhalb des IHC ist einer der wichtigsten Erfolgskriterien für die Qualität der internen Beratungsleistung und garantiert die Bewältigung komplexer Aufgaben am optimalsten.

## Die Beraterstruktur des IHC

Der Erfahrungs-Hintergrund der Berater des Inhouse Consulting setzt sich aus drei Komponenten zusammen; interne Berater kommen:

- direkt von den Universitäten (oberste 15 Prozent, high potentials),
- von externen Unternehmensberatungen,
- aus der Industrie, mehrheitlich aus der eigenen Muttergesellschaft.

Der genau dosierte Mix der Zusammensetzung der Mitarbeiterstruktur eines IHC ist erfolgskritisch. Ergänzt wird dieser Mix-Dreiklang der Herkunft aus Hochschule, externer Beratung und Industrie um die Diversität verschiedener akademischer Ausbildungshintergründe sowie einer fachlichen Bodenhaftung durch branchenspezifische Erfahrungen, die routinierte Praktiker in die Beratung mit einbringen.

Eine aktuelle Analyse der Zusammensetzung der führenden 16 Inhouse-Beratungen ergibt sich aus der Auswertung ihrer Porträts (vgl. Kapitel 5). Diese zeigt erhebliche Veränderungen gegenüber dem Vergleichszeitraum vor fünf Jahren, als die letzte Studie über das Inhouse Consulting in Deutschland erhoben wurde. Die aktuelle Auswertung der führenden Konzern-Inhouse-Beratungen zeigt, dass die ausgewogene Mischung von rund jeweils einem Drittel Mitarbeiter direkt von der Universität, externen Unternehmensberatungen und der Industrie als die ideale Zielgröße für eine gelingende Beraterstruktur aufgefasst werden kann.

### Handverlesene Rekrutierung von den „Big Brands"

Das Suchfeld der Berater, die von externen Consultingfirmen fürs IHC rekrutiert werden, ist häufig auf die Top 5-Managementberatungen ausgerichtet. Strukturell wie personell ist Inhouse-Beratung analog zu externen Top-Management-Beratungen aufgestellt.

In den Jahren 2013 und 2014 hat das IHC des weltweit renommierten Versicherungsunternehmens Allianz SE exemplarische Erfahrungen in der gezielten Rekrutierung von externen Beratern gewonnen. Die „experienced-hires" stammen von den Top 5-Managementberatungen (außer Roland Berger Strategy Consultants) und den Advisory-Sparten der Big 4. In letzten zwei Jahren verstärkte sich die Allianz Consulting dabei handverlesen um 80 externe Consultants. Als Best-Practice für die Anziehungskraft des IHC auf externe Berater gilt gegenwärtig die Münchener Inhouse-Beratung des weltweiten Versicherungskonzerns.

Eine Inhouse-Beratung ohne einen ausgewogenen Mix in der Beraterstruktur findet kaum Akzeptanz im Management des eigenen Konzerns. Erst die gesunde Mischung komplementärer Sichtweisen und Erfahrungen sichern das Ansehen und den Projekterfolg. Für beraterische Problemlösungen sind das ausbalancierte, sich gegenseitig befruchtende Zusammenspiel von aktuellstem akademischen Wissen aus den Hochschulen, routiniertem Erfahrungswissen aus der Praxis sowie das Methoden-Know-how und Wissen der Benchmarks durch externe Berater erfolgsentscheidend.

### Wenig Akzeptanz für die „Propheten im eigenen Land"

„Man kann ein Auto nicht von innen anschieben" (Jobst Fiedler, externer Unternehmensberater). Ohne die Impulse aus der externen Beratung funktioniert das IHC-Modell der „Karriereschmiede" mit der Option einer Linienverantwortung im Konzern kaum. „Hauskarrieren" müssen vermieden werden. Ohne „path-breaking" Impulse von außen laufen interne Beratungen Gefahr, als „Propheten im eigenen Lande" missverstanden zu werden, deren Stimme ungehört bleibt und nicht ernstgenommen wird. Die Außenperspektive muss ins Innere eines IHC einbezogen werden, damit diese keine „fensterlosen Monaden" (Gottfried Wilhelm Leibniz) darstellen. SAP beispielsweise implementiert in ihr eigenes IHC der „SAP Productivity Consulting Group (PCG)" eine „Outside-In perspective".

Zur Vermeidung möglicher „Betriebsblindheit" forderte Alexander Moscho daher die „Öffnung nach außen": „Die generelle Öffnung nach außen in Form von permanenter Orientierung an ‚Best in Class' Performances sichert die Marktnähe der internen Beratung und garantiert somit eine kontinuierliche Verbesserung der eigenen Beratungsleistungen. Durch den Kontakt sowie Vergleich mit `konkurrierenden' Anbietern wird sichergestellt, dass die internen Beratungsleistungen konkurrenzfähig und auf dem Niveau des externen Marktes bleiben." (Alexander Moscho, „Propheten im eigenen Land", „Inhouse Consulting, 2010, S. 30).

### Jobsicherheit vor Risiko

Die innere Dynamik der Personalentwicklung in einer externen Beratung wird über das Up-or-Out-Modell gesteuert und incentiviert. Wer sich nach einem vorgezeichneten Karrierepfad aufgrund mangelnder Leistung nicht auf die nächste Karrierestufe entwickelt, ist gezwungen, das Beratungshaus zu verlassen. Dieser performancegetriebene, von hoher Geschwindigkeit und steilen Lernkurven geprägte Karriereweg büßte bei der jungen Generation talentierter Hochschulabsolventen in den letzten Jahren stark an Attraktivität ein. Anstelle eines ausschließlich an beruflichem Karrierestreben orientierten persönlichen Vorankommens vollzog sich in der „Generation Y" ein Umdenken, das die berufliche Entwicklung mit einer maßvollen Life-Work-Balance verbindet.

Laut einer im Frühjahr 2014 von der Wirtschaftsprüfungs- und Beratungsgesellschaft EY durchgeführten empirischen Studie unter 4.300 Studierenden geben „drei von zehn Studenten den öffentlichen Dienst" als Berufsziel an, „auf Platz 2 und 3 folgen die Wissenschaft (19 Prozent) und Kultureinrichtungen (17 Prozent). Dahinter rangieren Branchen der freien Wirtschaft wie die Prüfungs- und Beratungsbranche (15 Prozent), die Automobilindustrie (14 Prozent) oder die IT-Branche (12 Prozent). Knapp ein Drittel der Studenten (32 Prozent) lehnt für ihren späteren Berufsweg sogar die Privatwirtschaft als Ganzes ab."

*Öffentlicher Dienst besonders beliebt …*
„Welche Branchen sind für Ihre beruflichen Planungen besonders attraktiv?", fragte EY 4.300 Studenten und erhielt folgende Antworten (siehe Abbildung). Zwei Drittel (66 Prozent) der befragten Studenten wollen demnach ihre berufliche Laufbahn im sicheren Umfeld des Staatsdienstes sowie in der Wissenschaft oder dem Kulturbetrieb beginnen. Für die Mehrzahl der Studenten steht das Sicherheitsbedürfnis deutlich über dem Wunsch nach einer schnellen, dafür riskanteren Karriere in der freien Wirtschaft und der Beratung.

„Ein Grund für die Präferenz für den öffentlichen Dienst könnte der Wunsch der Studenten nach einem sicheren Job sein. Als wichtigste Kriterien bei der Wahl ihres künftigen Arbeitgebers nennen 61 Prozent der Befragten die Jobsicherheit, dicht gefolgt von einem guten Gehalt (59 Prozent) und der Vereinbarkeit von Familie und Beruf (57 Prozent). Andere Kriterien wie Karrierechancen (34 Prozent) oder die Möglichkeit zu selbständigem Arbeiten (31 Prozent) nennen Studenten deutlich seltener."

Externe wie interne Unternehmensberatungen sind Leistungsgemeinschaften. Das Consulting mit seinen hohen Ansprüchen sieht sich einer ganzen verunsicherten Studentengeneration gegenübergestellt.

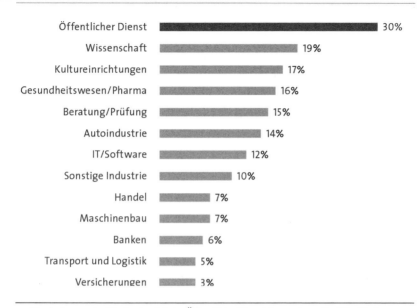

| | |
|---|---|
| Öffentlicher Dienst | 30% |
| Wissenschaft | 19% |
| Kultureinrichtungen | 17% |
| Gesundheitswesen/Pharma | 16% |
| Beratung/Prüfung | 15% |
| Autoindustrie | 14% |
| IT/Software | 12% |
| Sonstige Industrie | 10% |
| Handel | 7% |
| Maschinenbau | 7% |
| Banken | 6% |
| Transport und Logistik | 5% |
| Versicherungen | 3% |

- Für drei von zehn Studenten ist der Öffentliche Dienst besonders attraktiv für Ihre beruflichen Pläne – erst mit deutlichem Abstand folgen die Wissenschaft (19 Prozent) und Kultureinrichtungen (17 Prozent).
- In der freien Wirtschaft sind vor allem die Beratungs- und Prüfungsbranche sowie die die Autoindustrie für Studenten attraktiv.
(Angaben in Prozent, Mehrfachnennungen möglich)

Die größte Online-Befragung unter 300.000 abschlussnahen Betriebs-wirten und Ingenieuren an 900 Universitäten in 24 europäischen Ländern, welche Arbeitgeber sich Absolventen wünschen, hat das Tendence-Institut jetzt vorgelegt. Das Fazit auch dieser neuesten empi-rischen Studie lautet nach dem Tendence Graduate Barometer 2015: „Sicherheit geht ganz klar vor." Den Grund für das vorherrschende Sicherheitsbedürfnis der abschlussnahen Studierenden für ihre Berufs-wahl sieht die Studie in der immer noch anhaltenden Wirtschafts- und Finanzkrise seit 2008: „Es sind rund sieben Jahre vergangen seit Aus-bruch der Wirtschafts- und Finanzkrise, und während die Konjunk-tur und der Arbeitsmarkt in den Vereinigten Staaten mittlerweile auf Erholungskurs fahren, geht es in Europa allenfalls in sehr kleinen Schritten aus dem tiefen Tal heraus. Das hat das Gefühl einer ganzen Generation geprägt" (vgl. F.A.Z., Nr. 146 vom 27./28 Juni 2015, Beruf und Chance, Wohin nach dem Abschluss? S. C1).

Unangefochtener Spitzenreiter unter den Wunscharbeitergebern für beide Studienrichtungen ist danach der Internet- und Technologiekonzern Google, direkt gefolgt von Volkswagen (Rang 2) und BMW (Rang 4). Für die Betriebswirte folgen in einem eng geschlossenen Feld die Big 4-Wirtschaftsprüfungsgesellschaften EY, PwC, KPMG und Deloitte auf den Plätzen 5 bis 8. Bei den Ingenieuren schafften es neben den beiden genannten deutschen Automobilherstellern gleich vier weitere DAX-30-Unternehmen unter die Liste der beliebtesten Top 20-Arbeitgebermarken in Europa: Siemens, Bayer, Daimler und BASF sowie Bosch als fünfter deutscher Konzern.

Beratungen verlieren an Zuspruch, keine der externen Unternehmensberatungen schaffte es laut Studie unter die Top20; BCG und McKinsey fielen auf die Ränge 22 bzw. 24 zurück (ebd., S. C1).

### Geplante Ausstiegsszenarien aus dem Up-or-Out-Modell externer Beratungen im Vergleich zum Rollen-Modell interner Beratungen

Das Karrieremodell der Inhouse-Beratungen bietet eine mögliche Antwort auf die Unsicherheits- und neue Wertestruktur der studentischen Generation. Für externe Berater mit mehrjähriger Berufspraxis ist das Karrieremodell des IHC ebenfalls attraktiv. Projekterfahrene Consultants sind immer weniger bereit, sich dem „stählernen Gehäuse" des Up-or-Out-Modells auf Kosten ihres Privatlebens zu beugen. Das Erreichen der Partnerposition wird von vielen Beratern nicht mehr unbedingt als erwünschtes Berufsziel innerhalb der Beratung angesehen. Häufig planen externe Berater nach der Beförderung auf die Projektleiterebene bewusst frühzeitigere Ausstiegsszenarien. Interne und externe Beratungen sind in ihrer Hierarchiestruktur vergleichbar aufgestellt, IHC zeichnet sich allerdings durch ein ausgewogeneres Verhältnis von Leben und Arbeit und eine intendierte Konzernperspektive aus.

Exemplarisch sei das Hierarchiemodell der Allianz Consulting dargestellt einschließlich der Rollen auf den einzelnen Consultingebenen:

Consultant (C)
Junior Professional recently graduated from a bachelor or masters program with consolidated international exposure. Works in a project team with experienced colleagues, gathering and researching data, developing analysis, or providing project management support.

Senior Consultant (SC)
Leads projects or is specialized in a particular topic. Has matured 3 — 4 years of project experience, either internally or through previous experience in an external consulting company, and has developed industry knowledge and experience.

Principal Consultant (PC)
Manages programs or larger projects or provides advanced consulting services. Coaches junior team members, contributes to pitches, and provides ideas on future client needs. Progression either to EC = Expert track or EM = Leadership track.

Executive Consultant (EC) / Engagement Manager (EM)
ECs are topic experts in special areas, with several years of experience, serves as a trusted advisor to top management on projects or strategic initiatives.
EMs lead and manage both, teams and projects. Responsible for project acquisition and delivery, as well as for content and offering development.

Managing Partner/Partner (MP/P)
Responsible for the management of Allianz Consulting overall. Provides strategic direction, leads practice area(s), and develops sustainable client relationships.
(Quelle: https//www.allianz.com/en/careers; our consulting levels).

Die Vorteile einer Laufbahn in einer Inhouse-Beratung im Vergleich zu dem Entwicklungsweg einer externen Beratung sind:
— Gelebte Life-Work-Balance,
— Perspektive einer Linienverantwortung im Konzern,
— höhere Nähe zu betrieblichen Prozessen und zum Management,
— mehr Thementiefe und Kontinuität statt Sales-Druck,
— stärkere Einbindung und Bewährung in der Umsetzung,
— Sicherheit eines Konzerns.

Durch dieses Bündel positiver Wechselmotivationen reüssierten Inhouse-Beratungen in den vergangenen Jahren mit ihrem Laufbahn-Modell der „Karriereschmiede" zu einer attraktiven und zeitgemäßen beruflichen Option für High Potentials und Professionals.

Beratungen sind immaterielle Informationsdienstleistungen, es handelt sich um „ungewissheitsreduzierende High-Value-Informationsprodukte", die Beratungsunternehmen ihren Klienten anbieten (vgl. Controlling von Consultingunternehmen, 1997, S. 185). „Das entscheidende Merkmal von (Beratungs-)Dienstleistungen ist die Immaterialität des Outputs" (ebd., S. 184).

Für beraterische „Brain-Ware" sind die Mitarbeiter die zentrale Ressource einer Unternehmensberatung. Auswahl, Förderung und Gewinnung guter Berater sind im „War for Talents" wettbewerbsentscheidend für Consultingfirmen.

### Resümee des zukunftsorientierten Laufbahnmodells des IHC

Das Karrieremodell des IHC, nach einer bewusst temporären Tätigkeit als interner Berater in eine Linienaufgabe des Konzerns zu wechseln, hat das klassische Laufbahnmodell des „Up-or-Out" der externen Beratungen in den Hintergrund gedrängt. Dieser Karriereweg hat an Attraktivität bei Consultants eingebüßt, die ihren gezielten Ausstieg planen und wegen besserer Work-Life-Balance zunehmend ins IHC wechseln. Bei dem Strukturaufbau interner Beratungseinheiten ist auf die genaue Zusammensetzung der verschiedenen Ausbildungshintergründe sowie des Qualifikations-Mix der Consultants aus Hochschule, Industrie und externer Beratung zu achten, um die Akzeptanz im Management des eigenen Konzerns zu sichern. Handverlesene „Experienced-Hires" projekterfahrener Berater/innen von den „Big Brands" externer Beratungsunternehmen sind erfolgskritischer Faktor für das nachhaltige Wachstum des IHC, dessen zentralste Ressource im „War for Talents" das Humankapital darstellt.

## D. Unternehmerische Partnerschaften

Als neue Entwicklung am Beratungsmarkt haben sich innovative Formen unternehmerischer Kooperationen zwischen Beratungen und der Industrie abgezeichnet. Diese neuen Kooperationsformen haben das Potential, das Verhältnis zwischen industriellen Auftraggebern und Anbietern von Professional-Serviceleistungen zu verändern. In einem „cooperative turn" spielen Berater weniger die Rolle reiner Dienstleister, sondern sind zu Partnern und Innovatoren in der Zusammenarbeit mit der Industrie avanciert.

### Übersicht über neue Partnerschaften und Fusionen

Eine Reihe von Ansätzen sind entstanden, Partnerschaften aufzubauen. Der Aufbau von Kooperationen mit externen Beratungen ist ein ganz neuer Weg, den interne Beratungen eingeschlagen haben. Neue unternehmerische Kooperationen zwischen Beratung und Konzernen haben sich entwickelt.

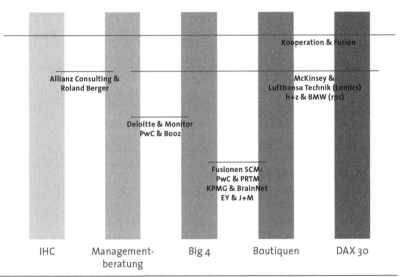

*Übersicht über neue Partnerschaften und Fusionen*

### Partnerschaften zwischen internen und externen Beratungen:

Seit 2012 sind eine Reihe neuer Formen der Partnerschaften entstanden zwischen internen und externen Beratungen mit der Industrie, die in Zukunft die Zusammenarbeit zwischen Unternehmen und professionellem Dienstleister verändern können.

Eine neue Kooperation zwischen interner und externer Beratung ist zwischen der Allianz Consulting und Roland Berger Strategy Consul-

ting ins Leben gerufen worden. Dieser Katalysator innovativer Zusammenarbeit ermöglicht die Form eines „enabling" mit folgendem gegenseitigen Nutzen:
- schnell auf Augenhöhe kommen IHC mit externer Beratung,
- Wissensaustausch,
- bessere Ressourcen-Beschaffung international,
- temporäre Zusammenarbeit,
- andere Tagessätze (dafür keine Akquisitionskosten auf Beraterseite),
- gegenseitiges tieferes Kennenlernen,
- höheres Vertrauen.

Die Kooperation enthält Möglichkeiten und Chancen (vgl. dazu den Beitrag von Gerhard Hastreiter und die Replik von Burkhard Schwenker und Torsten Oltmanns in diesem Buch).

## Unternehmerische Partnerschaften zwischen Beratung und Konzern

Neu sind auch die unternehmerischen Kooperationen zwischen externer Beratungen und Industrie.

1. Joint Venture h+z Unternehmensberatung und BMW
Gemeinsam mit BMW gründete die h&z Unternehmensberatung im Januar 2013 das Joint Venture The Retail Performance Company (rpc) mit Hauptsitz in München. Durch den Wissens- und Erfahrungsaustausch der strategischen Partnerschaft soll ein „ganzheitliches Portfolio an Retail Performance Lösungen" geschaffen werden. „Ziel ist es, als international agierender Serviceanbieter die Leistungsfähigkeit von Unternehmen entlang der gesamten Vertriebskette zu verbessern." Der Anspruch des Joint Ventures rpc liegt darin, „umsetzungsgerechte Konzepte und aktive Implementierungsunterstützung" anzubieten. Die „Vertriebsstärke von BMW und weiteren Kunden mit einem starken Markenfokus" soll ausgebaut werden, betont der h+z Vorstand Rainer Hoffmann. rpc beschäftigt 60 Berater in Deutschland mit eng an die BMW Group-Vertriebszentralen verbundenen internationalen Niederlassungen in Woodcliff Lake, New Jersey, USA, Montigny-Le-Bretonneux bei Paris, Bozen, Italien, Antwerpen, Belgien, England, Madrid, Spanien und Shanghai, China.(vgl. den Beitrag von Rainer Feuer und Rainer Hoffmann in diesem Buch).

2. Joint Venture McKinsey und Lufthansa Technik
Nach fast 10-jähriger Zusammenarbeit entstand Mitte 2013 das

50/50-Jointventure Lumics als partnerschaftliche Kooperation zwischen McKinsey und Lufthansa Technik mit Hauptsitz auf der Lufthansa-Basis in Hamburg und einem zweiten Standort in Frankfurt am Main. Die Beratungsdienstleistungen des Gemeinschaftsunternehmens umfassen „die Optimierung komplexer Produktionsprozesse und ihrer operativen Umsetzung." Das Joint Venture verbinde die Prozesserfahrung des mit 30 Tochterunternehmen und Beteiligungsgesellschaften sowie über 26.000 Mitarbeitern führenden Anbieters technischer Dienstleistungen in der Luftfahrt mit der Beratungs-Expertise von McKinsey. Als Beratung für Prozessoptimierung kombiniere Lumics „analytisches und praktisches Wissen auf bestmögliche Weise."

„Lumics offers clients the best possible combination of analytical and practical knowledge. This is consistent with McKinsey's perception of implementation as an indispensable element of consulting," sagte Detlef Kayser, Vorsitzender des Lumics Beirats und Direktor bei McKinsey in Hamburg im „Connection Artikel" vom 12. November 2013. Mit dieser „Joint Consulting Expertise" trage McKinsey dem Anspruch Rechnung, „Implementierung als unverzichtbaren Bestandteil der Beratung zu begreifen."

Die Umsetzung ist der Strategie inhärent, die ohne jene blind ist. Die Transformation der Strategie in Implementierung ist bei der führenden Managementberatung im Kontext der Fusion mit dem Industrieunternehmen angekommen.

Lumics-Geschäftsführer ist Dr. Christian Langer. Bei der Lufthansa Technik AG war er für die weltweite Koordination der Lean Aktivitäten des Konzerns verantwortlich und baute die Lean Academy des Unternehmens auf. Dr. Thomas Stüger — Vorstand Produkt und Services Lufthansa Technik AG und Frank Mattern — ehemaliger Leiter des Deutschland-Büros von McKinsey unterzeichneten den Vertrag zur Gründung des Gemeinschaftsunternehmens Lumics (vgl. den Beitrag von Christian Langer in diesem Buch).

Fusionen zwischen externen Unternehmensberatungen

Prominenteste Beispiele für die Marktkonzentration auf dem Beratermarkt mit dem Ziel der Entwicklung neuer beraterischer Geschäftsmodelle sind die Fusionen zwischen PwC und Strategy& (vgl den

Beitrag von Martin Scholich/Gushurst) sowie zwischen EY und J+M Management Consulting (vgl. den Beitrag von Birgit Kienzle in diesem Buch).

## Interne und externe Beratungen auf Augenhöhe

In einer Studie im Jahr 2009 veröffentlichten Studie „Der Inhouse Consulting Markt in Deutschland" führte die Bayer Business Services einen Vergleich zwischen internen und externen Beratern durch. Nach verschiedenen Schlüsselkriterien wurden die Berater von 20 führenden IHC-Units zu folgenden Themen befragt und um ihre Selbsteinschätzung gebeten:

*Wie sehen Sie sich gegenüber externen Beratern?*
(1 viel geringer | 2 geringer | 3 gleich | 4 höher | 5 viel höher)

| | |
|---|---|
| Implementierungsorientierung | 3.9 |
| Kundenzufriedenheit | 3.7 |
| Akzeptanz innerhalb des Konzerns | 3.5 |
| Durchsetzungsfähigkeit innerhalb des Konzerns | 3.5 |
| Karrieremöglichkeiten im Konzern | 3.5 |
| Qualität der erbrachten Leistungen | 3.1 |
| Erfahrung der Berater | 2.9 |
| Projektmanagement-Skills | 2.7 |
| Attraktivität gegenüber Bewerbern | 2.2 |
| Kosten | 1.8 |
| Verfügbare Kapazitäten | 1.6 |

Am höchsten schätzen die internen Berater ihre Implementierungsorientierung und die Kundenzufriedenheit im Vergleich zu den externen Beratern ein. Gleich bis höher bewerteten sie ihre Akzeptanz, Durchsetzungsfähigkeit und Karrieremöglichkeiten im Konzern. Durch die neuen Kooperationsformen werden diese Stärken noch einmal komplementär erweitert.

## Arroganz ist gegen den Code of Conduct

Ein Vorwurf, dem externe Berater häufiger ausgesetzt sind, ist der der Arroganz. Neben zu hoher Theorielastigkeit und mangelnder Umsetzungskraft werden Managementberater gelegentlich als überheblich wahrgenommen.

Authentische Beispiele für arrogantes Fehlverhalten von Beratern:

Ein junger Berater lässt sich mit der Taxe vom Büro zum Bahnhof fahren. Den Mitte 50jährigen Taxifahrer beleidigt er mit dem Vorwurf, warum dieser einem so schlecht bezahlten Beruf nachgehe und nichts Besseres gelernt habe. Der Taxichauffeur ist schockiert und erwägt, die Fahrt abzubrechen, um den arroganten Schnösel sofort auf der Straße abzusetzen. Da das Taxiunternehmen, bei dem er angestellt ist, einen Rahmenvertrag mit der Unternehmensberatung abgeschlossen hat, verwirft er seinen Affekt. Er muss befürchten, die Geschäftsbeziehung zwischen seinem Arbeitgeber und der Beratung zu gefährden, wenn er den jugendlichen Fahrgast vor die Tür setzt und sich dieser in der Taxizentrale beschwert. Der Fahrer ballt er seine Faust in der Tasche, nimmt die Beleidigung durch den Fahrgast schweigend hin und bringt diesen an sein gewünschtes Ziel.

Zweites Beispiel: ein Berater geht in eine Autovermietung, um ein Fahrzeug zu mieten. Noch während der Servicemitarbeiter die erforderlichen Unterlagen vorbereitet, beugt sich der Consultant über den Service-Schalter und greift eigenmächtig an dem überraschten Service-Mitarbeiter vorbei, um sich den auf dem Tisch liegenden Wagenschlüssel selbst zu holen, ohne die Fertigstellung der Vertrags-Unterlagen abzuwarten. Der Servicemitarbeiter beschwert sich bei dem Vorgesetzten des Managementberaters, dem daraufhin fristlos gekündigt wird, weil er durch sein Fehlverhalten dem Code-of-Conduct der renommierten Beratung widerspricht.

Drittes Beispiel: Ein Klient beauftragt eine Managementberatung mit einem Restrukturierungs-Projekt. Derselbe Berater, der dem Unternehmen einschneidende Kostenreduktion vorschreibt, bestellt für sein eigenes Fortkommen auf Kosten der Firma einen teuren Limousinen-Service.

Arroganz entsteht häufig durch die Einbildung, durch höheren Verdienst etwas „Besseres zu sein." Überheblichkeit widerspricht grundsätzlich einem vernünftigen Code-of-Conduct von Beratungen. Vermeidung jeder Spur von Arroganz sollte zu den Leitsätzen jeder Beratung zählen. Mit dem Kodex von Leistungs- und Werteliten ist arrogantes Verhalten unvereinbar. Vorbildlich in der bewussten Abschaffung arroganten Verhaltens ist McKinsey bereits in den rahmensprengenden Hoch-Zeiten der New Economy gewesen: „Die ausgezeichnete internationale Reputation ist (jedoch) weder Anlass zu Hochmut noch ein

Grund, sich auszuruhen" (Profil der Managementberatung McKinsey & Company, Inc., aus: Frank Höselbarth, Rupert Lay, J.I. López de Arriortúa (Hrsg.), „Die Berater", Frankfurt am Main 2000, S. 106).

Geduldige Arbeit an der Umsetzung, die sich in kleinen Schritten vollzieht, nicht in strategischen Hochflügen oder in halbgenialen Schwüngen, macht bescheiden und erhebt souveräne Bescheidenheit zur Tugend. Diese entsteht im verbindenden „Machen" zwischen Berater und Beratenem, die sich beide in vielen kleinen Schritten einem gemeinsamen Veränderungsziel annähern.

## Literatur

EY Studentenstudie 2014: Beliebteste Branchen deutscher Studenten. Gerne zu Vater Staat. http://www.ey.com/DE/de/Newsroom/News-releases/20140702-EY-News-Studenten-zieht-es-in-den-oeffentlichen-Dienst

Höselbarth, Frank, Rupert Lay und J.I. López de Arriortúa (Hrsg.), „Die Berater. Einstieg. Aufstieg. Wechsel", F.A.Z.-Institut, Frankfurt am Main, 2000

„Inhouse Consulting. Dichter Dran", http://www.inhouse-consulting.de

Moscho, Alexander und Ansgar Richter (Hrsg.), „Inhouse Consulting in Deutschland. Markt, Strukturen, Strategien", Gabler GWV Fachverlage, Wiesbaden, 2010

Niedereichholz, Christel und Joachim (Hrsg.), „Inhouse Consulting", Oldenbourg Verlag München, 2010

Stolorz, Christian und Lothar Fohmann (Hrsg.), „Controlling in Consultingunternehmen", Gabler GWV Fachverlage, Wiesbaden, 1. Aufl. 1997, 2., erweiterte Aufl. 2005

WirtschaftsWoche, Nr. 43, Ausgabe vom 21.10.2013 und Nr. 45, Ausgabe vom 03.11.2014

# I.
# Wann und warum entstehen Inhouse-Beratungen? Drei Best-Practice-Beispiele von Pionieren und Gründungspersönlichkeiten

# Von der Quadratur des Kreises ...

## Die Entstehung der Siemens Management Consulting

Dr. Horst J. Kayser (Chief Strategy Officer der Siemens AG und einer der Pioniere der Siemens Management Consulting (SMC) bei ihrer Gründung)

## Von der Zentralabteilung zum internen Profitcenter

„Wie bitte? Sie wollen die Finanzierung einer 20-köpfigen Abteilung für Strategieprojekte von zentralen Umlagen auf Verrechnung einzelner Projekte umstellen? Sie wissen, was das heißt, oder? Wenn Sie nicht ausgelastet sind, werden Sie Mitarbeiter abbauen müssen! Und wenn Sie die Geschäftseinheiten überzeugen müssen, für die Projekte zu zahlen, werden dann noch die aus Konzernsicht richtigen und wichtigen Projekte bearbeitet?"

Diese und andere Grundsatzfragen musste sich der frisch gekürte Abteilungsleiter für Strategische Unternehmensprojekte bei der Siemens AG im Herbst 1994 stellen lassen, als er daran ging, eine Siemens Unternehmensberatung zu entwickeln.

Die Abteilung für Unternehmensprojekte der Hauptabteilung Strategie, die ihrerseits Teil der Zentralabteilung Unternehmensentwicklung (ZU) war, gab es schon seit vielen Jahren. Die ZU hatte eine wichtige Rolle bei der grundsätzlichen Neuaufstellung der Siemens AG 1989 in vertikale Geschäftseinheiten gespielt und war — wie man so sagt — ein Machtfaktor im Konzern.

In den 90er Jahren wurde zur Bewältigung der vielfältigen strategischen Herausforderungen der Globalisierung eine große Zahl von strategischen Projekten im Konzern durchgeführt. Durch Benchmarking gab es zum Beispiel einiges aus dem Bereich des „Lean Manufacturing" der japanischen Konzerne zu lernen. Außerdem zeigten strategische Portfolio-Analysen Investitionsschwerpunkte auf.

Auch wenn die Analysen der Abteilung Unternehmensprojekte durchaus einen guten Ruf im Unternehmen hatten, so gab es doch aus Sicht des neuen Leiters einige wichtige Defizite.

- Dominanz der externen Top Management Beratungen
Die wichtigsten Projekte wurden in jener Zeit mit den großen externen Unternehmensberatungen durchgeführt. Interne Projektteams der Zentrale waren oft eher die Juniorpartner im Beratungsprozess — konnten aber von den Methoden und Herangehensweisen der externen Berater lernen.

- Mangelnde Sicherheit der nachhaltigen Umsetzung der Projektergebnisse (Impact)
Zentrale Projekte waren manchmal so geheim, dass die betroffenen Geschäftseinheiten nie von ihnen erfuhren. So blieben Projekte auch durchaus ohne den eigentlichen Impact.

- Geringer Bewegungs- und Entwicklungsspielraum durch fixes Budget und Kopfzahlsteuerung
Die Projektabteilung war durch das jährliche Budget finanziert, aber auch fixiert. Das Projekt- und Beratungsangebot konnte sich nicht mit Erfolg und Nachfrage entwickeln. Die Kopfzahl der Abteilung war eben limitiert.

- Geringere Attraktivität als Arbeitgeber für „Macher" als für „Analytiker"
Der „War for Talents" wurde zwar erst später als solcher erkannt und benannt, aber auch in den 90er Jahren herrschte rege Konkurrenz um die besten Absolventen. Die externen Unternehmensberatungen lockten mit spannenden Projekten, guter Bezahlung und klar Impactorientierten Beratungsansätzen mit enger Zusammenarbeit mit Kliententeams der beratenen Geschäftseinheiten. Eine Konzern-Strategieabteilung zog von außen oft eher analytisch geprägte als umsetzungsorientierte Bewerber an.

Dies alles zu ändern trat der neue Leiter der Abteilung Unternehmensprojekte Ende 1994 an. Er erhielt die Freiheit, eigenständig Projekte bei den Geschäftseinheiten zu akquirieren und sie als internes Profitcenter gegen Verrechnung zu erbringen. Er konnte in eigener unternehmerischer Verantwortung die Kopfzahl im Jahr 1995 von 20 auf 40 verdoppeln.

Noch immer wurden viele Projekte zusammen mit Teams der großen externen Unternehmensberatungen durchgeführt. Im gegenseitigen Einverständnis ging es dabei aber immer auch um die Ausbildung der noch junioren Inhouse-Berater .

Die externen Berater unterstützten durchaus den Trend zur wachsenden Bedeutung der internen Beratung. In den Beratungsteams schätzten sie die Zusammenarbeit mit Team-Mitgliedern des Klienten, die den Beratern wesensähnlicher waren als manch langjähriger Mitarbeiter der Geschäftseinheiten. Die internen Berater konnten hier durchaus auch Vermittlungs- und „Übersetzungs"-Leistungen erbringen zwischen externen Beratern und Klienten-Management-Teams. Die externen Berater sahen aber auch eine Chance, den Impact von Beratungsansätzen nachhaltig zu machen, indem Beratungsansätze von den Inhouse Consultants übernommen und im Konzern ausgerollt wurden. Allerdings erwuchs dadurch natürlich auch neue Konkurrenz, was die externen Beratungen dazu zwang, in schnellerer Geschwindigkeit ihre Beratungsansätze zu innovieren.

Die Führung des Profitcenters für strategische Unternehmensprojekte erforderte neben professioneller Projektarbeit jetzt auch hohe Aufmerksamkeit auf „unternehmerische" Prozesse: Akquisition von Projekten, intensives Recruiting neuer Mitarbeiter, tagesgenaues Staffing von Mitarbeitern auf Projekte und entsprechendes Auslastungsmanagement sowie Kosten- und Erlösmanagement eines Profitcenters.

Trotz der vielfältigen Herausforderungen des ersten Jahres wurde das Geschäftsjahr 1995 mit einer Reihe erfolgreicher Projekte profitabel abgeschlossen. Der Start des Experiments des internen Profitcenters war gelungen.

## Abteilungs-Fusion und Gründung der Siemens Unternehmensberatung

Zum Start des Geschäftsjahres 1996 wurde auf Basis der guten Entwicklung der entstehenden Strategieberatung des Hauses die Entscheidung getroffen, die Abteilung für strategische Unternehmensprojekte mit einer eher operativen Beratungseinheit für Prozessoptimierung mit 120 Mitarbeitern zu verschmelzen. Damit war die Siemens Unternehmensberatung, die später in Siemens Management Consulting (SMC) umbenannt wurde, geboren. Die Leitung wurde dem Chef der Abteilung für strategische Unternehmensprojekte übertragen. Die an externen Beratungen orientierten professionellen Projektansätze der deutlich kleineren Abteilung sollten der Maßstab auch für die Professionalisierung der gesamten Beratung werden.

Der folgende Post Merger-Intergrations-Prozess der beiden Beratungsabteilungen lief intern nicht spannungsfrei. Die Gesamtzahl der Berater schrumpfte durch Restrukturierungsbedarf und freiwillige Abgänge von 160 auf 120 Mitarbeiter. Durch aktives Recruiting hochqualifizierter Berater konnte die Zahl nach einigen Jahren wieder auf 160 Mitarbeiter erhöht werden, was noch immer der heutigen Stärke der Einheit entspricht.

Mit Gründung der Siemens Management Consulting rückte die Professionalisierung der wichtigsten Beratungsprozesse in den Vordergrund. Insbesondere wurden die Themen „Recruiting", „Practice Development und Wissensmanagement" und „Training und People Development" intensiv vorangetrieben. Die gemeinsame Erarbeitung dieser Prozesse war der inhaltliche Treiber des Integrationsprojekts.

• Recruiting
Im Vordergrund stand die gezielte Ansprache von sogenannten „Pockets of Excellence", also Top-Universitäten und Business Schools. Hier präsentierte sich die SMC im Wettbewerb mit externen Unternehmensberatungen als interessante Alternative für High Potentials, die Siemens vielleicht sonst nicht im Fokus gehabt hätten. Das Anforderungsprofil war – wie bei externen Beratungen auch – möglichst eine Doppelqualifikation durch Studium und MBA, Promotion oder erste Berufserfahrung, exzellente Noten, die Fähigkeit des analytischen Denkens und – ganz besonders wichtig – Teamfähigkeit.

Den Kandidaten musste man allerdings auch ein Angebot machen können, das mit dem von externen Top-Management-Beratungsfirmen mithalten konnte. Dazu zählte natürlich nicht nur der finanzielle Rahmen, sondern das Gesamtpaket. Insbesondere die Verbindung professioneller Beratungstätigkeit mit persönlicher Entwicklung in einem international tätigen Hochtechnologieunternehmen mit einem anschließenden Transfer in die Linie als gemeinsames Ziel von Berater und Unternehmen erwies sich als großer Wettbewerbsvorteil. Da auch bei international aufgestellten Beraterfirmen die Projekte eher national besetzt werden, erwies sich die Möglichkeit, bei SMC auch international arbeiten zu können, aus Bewerbersicht als ein entscheidendes Argument.

Ein Marktforschungsprojekt zeigte im Rahmen eines „Perceptual mapping", dass SMC eine eigenständige Positionierung im „Markt für High-Potentials" hatte. Der Konzern Siemens konkurrierte mit seinen

Einstiegsprogrammen mit den Trainee-Programmen der anderen Konzerne, die anderen Beratungen und z.T. Investment-Banken waren in einem gemeinsamen Cluster. SMC fand sich in einem dritten Cluster mit damals „hochmodernen" Arbeitgebern wie SAP und Bertelsmann wieder, was zeigte, dass SMC für Siemens auch zusätzliche Bewerberpools erschließen konnte

• Practice Development und Wissensmanagement
Die Entwicklung und Weiterentwicklung von Beratungsansätzen war ein weiterer Schwerpunkt. Im Kern stand das Thema „Benchmarking". Zu Beginn analysierte man insbesondere japanische Wettbewerber, die beim Thema „Lean Production" führend waren. Später lag der Fokus auf weiteren — auch branchenfremden — internationalen Champions, mit denen man einen offenen Austausch zu übergreifenden Themen wie z.B. Innovation pflegte („Best of Best Benchmarking"). Neben der Ableitung von quantitativen Kostenlücken im Vergleich zu direkten Wettbewerbern waren immer auch psychologische Aspekte ein entscheidendes Element der Projekte. Beispielsweise „Aha-Erlebnisse", wie Erfolge von Wettbewerbern erzielt werden, und dass solche Ergebnisse auch bei uns machbar und möglich wären („Sie kochen gut, aber auch nur mit Wasser..."). Sie waren wichtiger Teil der Erkenntnisdynamik des Klienten-Management-Teams. Auf Benchmarking-Reisen wurde häufig der Entschluss gefasst, nun in kürzester Zeit zur Welt-Spitzenperformance aufzuschließen.

Nach und nach erfolgte eine breite Entwicklung und Dokumentation von Management Tools unter anderem zu den Themen Restrukturierung mit den notwendigen Umsetzungscontrolling-Methoden, Umsatzsteigerung, Post-Merger-Integration, Strategie und Innovation. Diese Dokumentationen bildeten die Basis für die sogenannte „top + Toolbox", mit der die Methoden von den Siemens-Geschäftseinheiten im Idealfall auch ohne Beraterunterstützung angewendet werden konnten. Diese bildet auch heute für Siemens den Kern des „Corporate Memory". Damit wurde eine Basis für eine selbstlernende Organisation und ein „Best Practice Sharing" gelegt.

• Training und People Development
Ein weiterer Kernprozess war die Weiterentwicklung der Fähigkeiten der Mitarbeiter. Neben dem Lernen im Rahmen der Projektarbeit wurden sogenannte Basistrainings erstellt, die jeder Berater zu durchlaufen hatte. Themen waren analytische Basistools, aber auch — nicht weniger wichtig — Trainings zum Umgang mit anderen Menschen

(„Interpersonal Skills"). Eine eigene Einheit innerhalb der SCM wurde gegründet, die sowohl aus dem Siemens-internen Trainingsangebot, als auch am externen Markt ein entsprechendes Trainingsprogramm zusammenstellte. In diesem Zusammenhang, aber auch als Motivationsinstrument und zur Unterstützung des projektübergreifenden Austauschs wurden regelmäßig „Retreats" veranstaltet. Auch das regelmäßige Treffen mit ehemaligen SMClern, die dann in Linienfunktionen der Siemens AG tätig waren, war ein wesentliches Element der Nachhaltigkeit der Projektarbeit.

• Nachhaltigkeit der Klientenbeziehung
Um in einem stark diversifizierten Konzern wie Siemens eine Basis für eine Kommunikation „auf Augenhöhe" mit den Klienten, d.h. mit den spezifischen Geschäftseinheiten, zu haben, wurden sogenannte „Client Service Teams" installiert. Hier wurde das branchenspezifische Know-how gebündelt und weiter vertieft. Hier wurde auch eine Art Key Account-Management für die Siemens Geschäftseinheiten installiert.

## Stabilität und Verankerung im Konzern – die Quadratur des Kreises immer wieder neu...

SMC ist nun seit fast 20 Jahren ein fester Bestandteil des Produktivitätsfortschritts und der strategischen Weiterentwicklung der Geschäftseinheiten sowie der systematischen Personalentwicklung von Führungsnachwuchs bei Siemens. Die Aufwendungen für externe Beratung sind in den vergangenen 15 Jahren deutlich zurückgegangen, sicher auch als Folge der stärkeren internen Professionalisierung strategischer und transformatorischer Beratungskompetenz. Diese Entwicklung in den Großkonzernen trägt zum Druck auf die externen Anbieter auf dem Beratungsmarkt bei, mit Innovationen, höherer Effizienz und wettbewerbsfähigerem Preisen stärker um ihre Position zu kämpfen. Innovative Ansätze — wie die im Buch beschriebenen Joint Ventures von Konzernen und Beratungen sind nur eine Folge davon.

Siemens Management Consulting hat über die Jahre hinweg ca. 50 Prozent internen Marktanteil gehalten. Dies hat sich als gute Balance bewährt, einerseits ein wichtiger Kunde großer professioneller externer Beratungen zu bleiben, exzellenten Service zu bekommen und externes Know-how zu nutzen, aber andererseits auch die Beratungskostensteigerungen zu begrenzen. Ein weiterer Grund dafür ist aber auch, über alle Volatilität der Beratungsnachfrage hinweg nie ein

Überangebot an interner Beraterkapazität zu haben. Dies würde dann eventuell zur Durchführung von weniger relevanten Projekten führen.
So muss immer wieder die Balance gehalten werden:
- Zwischen dem Sicherstellen von analytischer Wettbewerbsfähigkeit mit externen Beratungen,
- dem Fokus auf Personalentwicklung von „Machern", die längerfristig Führungsaufgaben in der Linie eines Großkonzerns übernehmen wollen,
- der Sicherung von externem Know-how durch Experten-Netzwerke, Zusammenarbeit mit externen Beratern und aktivem Benchmarking,
- und dem lernen von „best practices" dort, wo sie praktiziert werden.

Die Quadratur des Kreises zu leben, bleibt eine immerwährende Herausforderung.

# Continental Business Consulting – Vorreiter in R&D

Von Dr. Kay Thielemann, Leiter von Continental Business Consulting (CBC)

## Die Basis – „from scratch"

Der Konkurrenzdruck und die zunehmende Dynamik der Märkte erfordern immer raschere Reaktionen und Anpassungen unseres Geschäftes. Das heißt, Geschäftsstrategien, Zielsetzungen und die Aufstellung der einzelnen Geschäftsbereiche müssen vermehrt revidiert und neuen Erkenntnissen angepasst werden.

Zur erfolgreichen Umsetzung der Geschäftsstrategien gehören neben zielgruppenorientierter Kommunikation und Motivation auch adäquate Organisationsstrukturen und Geschäftsprozesse. Wesentlich für den Erfolg ist zudem eine kontinuierliche Bereitschaft zum Wandel sowohl der Geschäftsgrundlage als auch betrieblicher Abläufe. Das ist einfach gesagt und im Grunde nichts Neues. Aber die Planung, Umsetzung und Begleitung der erforderlichen Maßnahmen bedeuten in jedem Fall zusätzlichen Aufwand, der oft nur mit temporärer Verstärkung und gebündeltem Wissen zu bewältigen ist.

Dies wurde vom Continental-Vorstand erkannt, und so wurde im Januar 2011 die Basis für die Gründung der Continental Business Consulting (CBC) gelegt. Zu diesem Zeitpunkt suchte ich gerade eine neue berufliche Herausforderung. Ich wurde daraufhin vom Vorstandsvorsitzenden angesprochen, ob ich mir vorstellen könnte, die Inhouse-Beratung bei Continental aufzubauen. Ich überlegte, schlug ein und startete im August 2011, sozusagen „from scratch".

## Erste Schritte – alles neu denken als Charakterbaustein

In der Startphase musste ich das Unternehmen sehr schnell kennenlernen. Kontinuierliche Besuche aller Unternehmensbereiche gaben mir einen schnellen Einblick, welche Beratungsprodukte für Continental sinnvoll sind. In dieser Phase wurde mir in verschiedenen Geschäftsbereichen auch vermittelt, dass Berater bei Continental in der Vergangenheit eher unerwünscht waren. Ideale Voraussetzungen also für den Aufbau einer konzerninternen Unternehmensberatung.

Ich ließ mich dadurch natürlich nicht entmutigen und startete mit einigen ersten Beratungsthemen. Ich verließ mich auf mein Gespür und entwickelte ein spezifisches Beratungsprodukt, welches auf meinen jahrelangen Erfahrungen in der Automobilentwicklung aufbaute. Ich entwickelte Continental-spezifische Vorgehensweisen in Bezug auf die Optimierung von R&D-Einheiten (Forschung & Entwicklung) hinsichtlich höherer Effektivität, Effizienz und Agilität. Dies war insbesondere auch deshalb notwendig, da sich zu diesem Zeitpunkt keine der externen Beratungen intensiv mit diesen Themen auseinandersetzte.

Heute haben wir ein sehr komplexes Beratungsportfolio im R&D-Bereich etabliert, und bauen unseren USP (unique selling proposition) stetig aus. Operational Excellence, Agile Development Methods und R&D Steering sind hierbei die wesentlichen Bausteine.

Um einen Beratungsauftrag Inhouse zu bekommen, war es sehr wichtig, sachorientierte und pragmatische Lösungen vorzuschlagen. Ein analytisches Konzept alleine hat keinen Wert, das war eine wesentliche Grundsatzthese unseres Start-ups. Mit diesem Ansatz erzielten wir zunehmend Akzeptanz im Unternehmen. Unser Werteverständnis ist es, ein Projekt erst als erfolgreich anzusehen, wenn wir einen messbaren Mehrwert auf Kundenseite generiert haben. Reine Präsenz reicht bei Weitem nicht. Schritt für Schritt fing ich an, Consultants einzustellen, das Beratungsportfolio weiterzuentwickeln und die entstehende Unternehmensstruktur kontinuierlich zu systematisieren.

In den ersten Monaten suchte ich auch nach externer Unterstützung, um Ressourcenflexibilität bei kommenden Projekten zu gewährleisten. Es war sehr schwierig, geeignete Berater mit entsprechendem Know-how zu finden, denn gerade dies war für den weiteren Aufbau entscheidend. Unser kleines Team musste alles selbst neu denken, was uns dazu gebracht hat, das „neu zu denken" zum festen Charakterbaustein zu etablieren. Dies trug ebenfalls zu einer zunehmenden Akzeptanz im Unternehmen bei, welche sich auch in einem sehr dynamischen Ausbau unserer Organisation widerspiegelte.

## Erste Erfolge – R&D Footprint

Ein Jahr nach dem Start der Inhouse Consulting konnten wir 14 erfolgreich absolvierte Beratungsprojekte vorweisen. Diese wurden uns mit durchweg positiven Referenzen bestätigt. Insbesondere in der Optimierung von R&D-Organisationsstrukturen bei der Erstellung von Markterschließungsstrategien sowie bei der Analyse komplexer Produktionsstrukturen konnten wir unsere Erfahrungen gewinnbringend im Unternehmen einbringen.

Nach ca. zwei Jahren intensiver Aufbauarbeit war ich mir noch immer nicht sicher, ob unser Ansatz erfolgreich sein wird. Daher fingen wir an, unsere Strukturen kontinuierlich zu verbessern. Wir benötigten insbesondere mehr Systematik, um unsere Projekte zu stemmen und auch in Zukunft exzellent zu meistern. Mit jedem neuen Mitarbeiter änderte sich unsere beratungsinterne Unternehmenskultur, meist monatlich.

Besonderes Augenmerk legte ich auf die Gestaltung der Organisationsstruktur. Hierbei war es sehr wichtig, dass unsere Lokationen und die personellen Zuordnungen nur eine untergeordnete Rolle spielen. Ziel war es, eine möglichst hohe Komplexität in der Organisationsstruktur zu haben, um den Austausch an Informationen und Know-how zu fördern. Reibung lohnt sich, denn ein Inseldenken verschiedener Lokationen wäre eine Katastrophe gewesen.

Der stetige Austausch von Informationen, die Vereinheitlichung der wesentlichen und grundlegenden Aspekte zahlten sich aus. Heute werden kurzfristig Meetings anberaumt, in denen knapp und prägnant das eigene Thema vorgestellt und diskutiert wird. Der zeitliche und inhaltliche Fortschritt wird hierbei deutlich beschleunigt. Des Weiteren haben wir unsere Leitlinien so gestaltet, dass ein „Einschlafen" schwierig wird. Zudem sind wir als eigenständiges Profitcenter aufgestellt und müssen mit externen Beratungen konkurrieren. Wir sind also ein Unternehmen im Unternehmen, ich berichte direkt an unseren CFO. Der Erfolg lässt sich auch hier dokumentieren, schon im ersten Geschäftsjahr haben wir die „schwarze Null" erreicht. Die Randbedingungen unterschieden sich nur unwesentlich von denen unabhängiger Start-ups. Mittlerweile erwirtschaften wir auch ansehnliche Erträge.

## Etablierungsphase: 40 Prozent extern, aber die „Conti" geht vor

Um nun auch in Zukunft der stetig steigenden internen Nachfrage gerecht zu werden, wuchsen wir weiterhin sehr schnell. Aufgrund dessen mussten manche Themen nun delegiert werden, somit blieb Zeit für neue Dinge. Ein wesentlicher Baustein unserer täglichen Arbeit wurde die kontinuierliche Erhöhung der Beratungsqualität, die anfängliche Start-up-Dynamik durfte sich nicht entschleunigen. Insbesondere Reaktionszeiten, Liefertreue, Detailqualität und die Beziehung zum Kunden standen und stehen noch immer im Vordergrund. Die Gefahr von zunehmender Routine sollte weitgehend vermieden werden. So fing ich an, auch Regeltermine zeitlich adaptiv zu gestalten, die Mitarbeiter mit stetig wechselnden Inhalten komplex auszustatten und das „neu denken" weiter zu verstetigen.

Auch der Start jedes neuen Kollegen wurde professionalisiert. Jeder Mitarbeiter durchläuft ein Einstiegsprogramm, das in erster Linie darauf abzielt, sich geistig auf unser Portfolio und unsere Charakteristik einzustellen. Im ersten Schritt gibt es eine umfassende „New Joiner Introduction", im Anschluss wird der Consultant in einem möglichst völlig artfremden Bereich eingesetzt und bei der Vorbereitung unterstützt. In der Regel entsteht hierbei ein Bewusstsein, dass man sich auch in neue Themen schnell hineindenken kann und auch ohne Vorprägung ein erheblicher Wertbeitrag entsteht, wenn man dies ordentlich und strukturiert plant und durchführt. Diese Einstiegssituation erzeugt bei fast allen einen gewissen Aha-Effekt und erzeugt ein maßvolles Selbstbewusstsein in Bezug auf die eigene Leistungsfähigkeit.

Wir sind im Unternehmen in allen Bereichen aktiv. Auch externe Kunden sind uns wichtig, es gilt allerdings der Leitsatz: „Der interne Kunde hat Priorität!". Dies haben wir auch in einer Policy verankert. Dennoch ist es für uns sehr wichtig, auch extern aktiv zu sein, vor allem, weil wir so flexibler unsere Ressourcen aussteuern und damit unser unternehmerisches Risiko reduzieren können. Weitere positive Nebeneffekte sind, dass auch wir so von anderen Branchen lernen, damit unser Know-how verbessern und unseren Mitarbeitern eine noch bessere Perspektive geben können. Die Grundsatzregel — ca. 40 Prozent externes Projektgeschäft — zu halten, hat sich als sehr schwierig erwiesen, da die interne Nachfrage rasant gestiegen ist..

Mittlerweile haben wir gelernt, welche Vorgehensweisen zielführend sind. Grundsätzlich ist es wichtig, in unserem Geschäft nüchtern zu bleiben und mit dem Kunden auf Augenhöhe zu agieren. Entscheidend ist es darüber hinaus, die Dinge ganzheitlich zu betrachten, aber gleichzeitig auch in der Lage zu sein, je nach Notwendigkeit auch äußerst detailliert vorzugehen.

## Fazit

Heute, nach ca. dreieinhalb Jahren Aufbauarbeit, haben wir schon mehr als 100 Beratungsprojekte nachweislich erfolgreich absolviert. Wir haben derzeit Niederlassungen in Regensburg, Frankfurt, Hannover, Bangkok und Singapur. In diesem Jahr wollen wir weitere Standorte eröffnen, geplant sind Charlotte (USA), Shanghai und Timisoara (Rumänien). Unser Team ist sehr international auf Basis des auf der Basis der weltweiten Continental Repräsentanz aufgestellt. Mehr als 25 Sprachen werden in unserem Team gesprochen, das mittlerweile aus mehr als 50 Consultants besteht. Unser Ziel ist es, in ca. eineinhalb Jahren auf etwa 100 Berater zu wachsen, um unser Projektgeschäft noch professioneller und systematischer betreiben zu können. Unsere Projekte wachsen natürlich auch in ihrer Größenordnung. Heute haben wir Restrukturierungsthemen in Bereichen mit bis zu 3.500 Ingenieuren. Aber auch Zentralfunktionen haben wir schon restrukturiert, wie z.B. unseren weltweiten Law-Bereich.

Wir beraten heute Continental bei verschiedenen Fragestellungen zu Themen der operativen Exzellenz in der Linie von der Produktentstehung bis hin zum Vertrieb. Darüber hinaus umfasst unser Leistungsangebot Themen im Bereich Strategie und Markt, z.B. Entwicklung und Umsetzung von Wachstumsstrategien, Benchmarks, Studien, Business Development, Unterstützung im Bereich Merger & Akquisition sowie die Evaluierung von strategischen Businessaktivitäten.

Insbesondere fokussieren wir uns aber auf die Mobilisierung von R&D-Einheiten, die Harmonisierung von Geschäftsprozessen, die Effektivierung von Knowledge-Sharing und die Schaffung von atmenden Organisationsstrukturen über Geschäftsbereichsgrenzen hinweg. Unser Kernauftrag ist die Schaffung nachhaltiger Wettbewerbsvorteile für unsere Kunden. Für Continental bündeln wir dabei bewährte Lösungen im Konzern, generieren und halten ein Continental-spezifisches Beratungsmodell vor und entwickeln es stetig weiter. Wir garantieren einen ganzheitlichen Ansatz von der Analyse bis zum eigentlichen Kernpunkt — der Umsetzung.

Selbstverständlich entwickeln wir unsere Talente und schaffen Perspektiven. Unsere internationale Präsenz bauen wir stetig aus, unsere Projekte sind zu ca. 95 Prozent international, wir sind weltweit flexibel aufgestellt und agieren derzeit in mehr als 50 Ländern. Unser Umsatz verdoppelt sich jährlich, die Mitarbeiterzahl wächst rasant. Dennoch schauen wir auf eine angemessene und nachhaltige Entwicklung, die Größe der Continental Business Consulting steht nicht im Vordergrund. Wir definieren uns über den Kundennutzen.

Langsam nehmen wir im Unternehmen eine Vordenkerrolle ein, das zeigt sich an der Resonanz unserer Kunden. Wir versuchen gezielt, neue wichtige Trends zu erkennen und inhouse pragmatisch nutzbar zu machen. Hierbei sind insbesondere die Vernetzung und Informationsverarbeitung im Automobil, die Industrie 4.0, das Internet of Everything, die agile Entwicklung sowie die Optimierung des weltweiten R&D-Footprints etc. zu nennen. Unser Motto für die Zukunft ist, viele spannende Herausforderungen anzugehen, unterstützt durch proaktive und systematische Aktionen, um damit unsere Vorreiterrolle bei Continental auszubauen. Wir werden an der kontinuierlichen Steigerung der Werthaltigkeit unseres Unternehmens gemessen werden.

# Die Gründung der Merck Inhouse Consulting

Von Hans-Jürgen Müller, Gründer und Leiter von Merck Inhouse Consulting

Mit dem Erwerb der Engel-Apotheke in Darmstadt im Jahr 1668 wurde der Grundstein für das älteste pharmazeutisch-chemische Unternehmen der Welt gelegt — Merck. Als führendes Unternehmen für innovative und hochwertige Hightech-Produkte ist Merck in den Unternehmensbereichen Health Care, Life Science und Performance Materials mit ca. 39.000 Mitarbeitern in 66 Ländern tätig (Stand Mai 2015, vor Sigma-Aldrich Integration). Die KGaA ist zu 70 Prozent in Familienbesitz, die übrigen 30 Prozent werden an der Börse im DAX 30 gehandelt.

Merck Inhouse Consulting (IC) habe ich im Jahr 2001 gegründet. Vieles war damals noch anders, z.B. war die Unternehmenssprache Deutsch — aus heutiger Sicht kaum vorstellbar. Um zu verstehen, wie es zur Gründung von IC kam, muss ich etwas zu meinem eigenen Werdegang sagen. Nach dem Studium (Chemie und Biologie) kam ich 1985 eher zufällig zu Merck und begann als „Systemberater Klinische Chemie" im Außendienst der Sparte Diagnostica im Chemiebereich. Mein Arbeitsfeld war Nordrhein-Westfalen, die „Zentrale" war für mich also ganz weit weg.

Überrascht war ich damals, und so geht es vielen heute noch, dass Merck Weltmarktführer im Bereich der Liquid Cristals war und ist. Concor war ein neuer Betablocker zur Behandlung von Bluthochdruck, die Reagenzien für das chemische Labor waren mir dank meines Studiums natürlich vertraut. Marken wie Multibionta oder Nasivin kannte sowieso jeder. Viel mehr wusste ich über das Gesamtunternehmen allerdings nicht.

Während eines Trainings kam ich in Kontakt mit einer Abteilung namens Mitarbeiterförderung, deren Leiter ich dabei kennenlernte und wenig später dessen Chef. Sie zeigten ein mir bis dato nicht bekanntes Verständnis für die Zusammenhänge und Abläufe in einem Großunternehmen sowie den ausgeprägten Willen, zu deren Verbesserung beizutragen.

Kurzum, ich hatte bald in der Abteilung Mitarbeiterförderung einen neuen Job gefunden, organisatorisch aufgehängt im Personalbereich.

Ich hielt Seminare zu den Themen Verkauf und Marketing ab, später kamen Führungsseminare hinzu. Ich moderierte Workshops unterschiedlichsten Inhalts, und in der Abteilung entwickelten wir u.a. ein erstes internationales Marketingseminar, das über die Jahre den Namen des Veranstaltungsortes Boppard annahm. Wir halfen aktiv, das „Mitarbeitergespräch" verpflichtend einzuführen, und organisierten die erste umfassende „Konzerntagung" mit den wichtigsten Führungskräften weltweit. Im Rahmen dieser Tätigkeit war ich nicht nur in der Chemie aktiv, in der ich ursprünglich zu Hause war, sondern ebenso für Pharma und die Gruppenfunktionen. Was ich dabei lernte, war enorm. Es gab und gibt bis heute nur ganz wenige Unternehmen, die diese Vielfalt von Geschäften und entsprechende Lern- und Entwicklungsmöglichkeiten bieten.

Und eben diese Möglichkeiten sind es, die mich bis heute begeistern. Sich selbst und andere weiterzuentwickeln – das Thema Personalentwicklung, heute spricht man von Talentmanagement, hatte mich gepackt.

Mit professionellen Beratern kam ich zum ersten Mal im Rahmen der Akquisition einer französischen Pharmafirma in Berührung. Es galt, diese zu integrieren, das erste Post-Merger-Integrations-Projekt meiner Laufbahn. Es wurde eine externe Beratung verpflichtet. Wir von der Mitarbeiterförderung wurden gebeten, bei den großen Workshops zu unterstützen. Was diese Berater so „drauf" hatten, „zog mir die Socken aus", wie wir im Ruhrgebiet sagen. Es gab eine tolle Struktur, die Ergebnisse wurden schnell und weiterführend zusammengefasst, die Integration mit allen Fragestellungen schritt zügig voran. Deutsch, Französisch oder Englisch – ganz egal. Spätestens da verspürte ich echte Begeisterung für ein neues Thema!

Aber zunächst führte mein Weg in den Pharmabereich, wo ich als Sales-Manager aktiv an der Reorganisation des Außendienstes von Merck Pharma Deutschland mitgewirkt habe. Dies war meine erste Führungsaufgabe, und obwohl ich bereits viele Seminare rund um das Thema Führung abgehalten hatte, also theoretisch fit war auf dem Gebiet, lernte ich, wie wichtig dieser Schritt für die persönliche Weiterentwicklung ist.

Es ergaben sich einige sehr interessante Job-Optionen im In- und Ausland, doch was mich am meisten ansprach war die mir angebotene Position des Leiters meiner ehemaligen Abteilung „Mitarbeiterförderung". Hier sah ich die Chance, das, was mich so begeistert hatte, in verantwortlicher Position umzusetzen. Somit wurde ich Chef meiner alten Kollegen — auch nicht ganz uninteressant für die persönliche Weiterentwicklung. Das Team umfasste seinerzeit acht Mitglieder.

Die Abteilung hatte einen guten Ruf auf den beschriebenen Tätigkeitsfeldern. Neu war ein von meinem Vorgänger entwickelter unternehmensweiter Ansatz, der sogenannte „Merck Excellence Check", der uns in alle Regionen der Merck-Welt führte. In einer Tochtergesellschaft in Manila, Jakarta oder an anderen Orten auf der Welt mit den Leuten vor Ort an den wesentlichen Themen zu arbeiten, eröffnete neue Lernfelder. Nicht nur die lokalen Anforderungen und Lösungen sind damit gemeint. Besonders der Perspektivwechsel durch den Blick von außen auf das, was in der weit entfernten Konzernzentrale geschieht, brachte mich wieder ein Stück weiter.

Als echte Berater wurden wir im Vergleich zu der externen Konkurrenz allerdings nicht wahrgenommen. Wie auch, wir alle hatten nie in einer solchen Beratung gearbeitet. Aber wir waren mit den Abläufen und den Menschen im Unternehmen vertraut. Und man vertraute uns, da wir keine „Externen" waren, sondern Kollegen aus dem eigenen Unternehmen.

Was lag also näher, als „echte" Berater vom externen Markt einzustellen und zu einem Teil von uns zu machen. Die Idee war gut, nur als „Mitarbeiterförderung" war es nicht einfach, die richtigen Kandidaten zu finden und für die neue Aufgabe zu begeistern. Ein „Inhouse Consulting"-Markt wie heute existierte damals nicht, zumindest nicht in dem Maße.

Um überhaupt Interessenten zu gewinnen, mussten wir das „Kind" so nennen, wie wir es auch positionieren wollten. Das zuständige Mitglied der Geschäftsleitung stimmte schließlich zu. Allerdings stieß die Idee nicht überall im Unternehmen auf Gegenliebe. Am Ende machten wir es einfach. Wir gaben mit den Trainings unser Brot- und Buttergeschäft ab und stellten uns, immer noch im Personalbereich angegliedert, neu als Abteilung Inhouse Consulting auf. Ein Teil der Mitarbeiter übernahm andere Aufgaben, ein Teil blieb.

Den ersten externen Berater rekrutierte ich nach langen Gesprächen von Gemini Consulting, damals noch eine reine Strategieberatung. Zwei weitere fand ich im Unternehmen selbst. Sie kamen ursprünglich von McKinsey und hatten Ihren Weg zu Merck über ein früheres Projekt gefunden, waren aber nicht so recht glücklich mit ihren neuen Aufgaben. Der nächste kam von BCG. Zwei weitere Kandidaten, die bereits ein paar Jahre operative Erfahrung bei Merck gesammelt hatten, ergänzten das Team. Die erste Inhouse Consulting-Mannschaft stand.

Es gab auch gleich ein wirklich großes Projekt für die Chemie, nämlich den letztlich alle Sparten umfassenden Strategieprozess samt globalen Meetings u.a. in New York. Das war damals wirklich neu und veränderte einiges. Ein Ergebnis dieses Prozesses führte später zum nächsten großen Projekt: Es galt, die Anzahl der Sparten zu reduzieren und zwei davon intern zusammenzuführen. Eigentlich ein klassisches Projekt für eine externe Beratung, aber wir zeigten, dass wir das intern meistern konnten. Die Geschäftsleitung, die betroffenen Mitarbeiter und der Betriebsrat waren mit unserer Leistung überaus zufrieden. In der Chemie waren wir damit erst einmal etabliert.

Für den Pharmabereich kam dann eine junge Ärztin von McKinsey, ein Berater von Booz Allen, einer von Roland Berger, einer von ZS Associates, und so ging es weiter. Von Anfang an war es mir wichtig, das Team möglichst „bunt" zu halten. So gibt es bis heute die einfache Regel, nie mehr als zwei Kandidaten gleichzeitig von einer Beratung an Bord zu holen. Wir begleiteten u.a. den Launch von Erbitux, einem biopharmazeutischen Arzneimittel zur Krebstherapie, und wichtige Projekte um die Integration von Serono in den Pharmabereich. Darüber hinaus organisierten wir die jährliche Konzerntagung, die ab 2007 zur Group Executive Conference wurde.

Unsere Leistungen haben wir von Anfang an mittels eines festen Tagessatzes intern weiter verrechnet mit dem Ziel, unsere Kosten zu decken. Auch dies war damals übrigens ein Novum für interne Dienstleister bei Merck.

Ich erinnere mich noch sehr gut an unser erstes internes Strategiemeeting. Wir formulierten zwei grundlegende Ziele, die bis heute gültig sind:

1. IC als internen Anbieter professioneller Beratungsleistungen zu etablieren.
2. Talente zu rekrutieren und für weiterführende Aufgaben weiter zu entwickeln.

Für die Erfüllung beider Ziele gibt es eine wesentliche Bedingung: Es gilt, die richtigen Leute zu rekrutieren, zu integrieren und entsprechend weiterzuentwickeln. Um uns dauerhaft zu behaupten, muss neben aller fachlichen Qualifikation vor allem eines gegeben sein: das Vertrauen unserer Kunden! Schließlich sind sehr häufig sensible Probleme zu lösen, und auch danach wird weiter miteinander gearbeitet. Es gilt, bei der Rekrutierung neuer Berater nicht nur die fachlich besten zu finden, sondern auch die, die mit ihrem Wissen um die Probleme in einzelnen Organisationsbereichen vertrauensvoll umgehen. Das bedeutet nicht, dass wir nur lieb und nett miteinander umgehen, denn dann würden manche Probleme nicht nur nicht gelöst, sondern wahrscheinlich noch nicht einmal ausreichend definiert. Es gilt aber der unumstößliche Grundsatz, dass alle Informationen im Projekt verbleiben.

Dass wir als interne Berater gar keine schlechte Figur machten, war schnell klar. Ob wir aber auch unser zweites Ziel, Talente ins Unternehmen zu entwickeln, nachhaltig erfüllen konnten, wurde von vielen skeptisch beobachtet. Wie bereits erwähnt gab es damals kaum Vergleiche, auch nicht in anderen Unternehmen, dafür aber eine Menge Vorurteile, was Berater anging. Nach einer Anlaufzeit ging es aber richtig los. Berater ließen sich oft nicht so schnell rekrutieren, wie sie ins Unternehmen wechselten. Dies ist frühestens nach zwei bis drei Jahren im Inhouse Consulting möglich – so lautet die Vereinbarung mit Beratern und Kunden. Diese sorgt nicht nur für ein Minimum an Stabilität für unsere eigene Organisation, sondern gibt auch genügend Zeit für die persönliche Entwicklung der Berater, die in der Regel aus Unternehmen kommen, in denen man durchaus etwas anders „tickt".

Der nächste Karriereschritt nach IC ist nicht selbstverständlich. Die Leistung der Inhouse Consultants muss absolut stimmen, sonst werden sie nicht in eine Linienfunktion übernommen. Auch dort müssen sie den Anforderungen gerecht werden, sonst wird es für andere Inhouse Consultants später schwerer, ebenfalls in eine Linienfunktion übernommen zu werden. Ich habe mich immer gegen den Gedanken gewehrt, dass ein Automatismus greift, wenn man nur in der richtigen Einheit ist (am besten noch zur richtigen Zeit). Als reine „Kaderschmiede" oder „Eliteeinheit" habe ich uns nie gesehen. Ziel von Merck Inhouse Consulting ist es, Talenten zu helfen, nicht nur schnell den nächsten Schritt zu machen, sondern sich langfristig zu entwickeln und das am besten dauerhaft bei Merck – das geht natürlich nur unter der Voraussetzung, dass die Leistung nachhaltig überzeugt.

Ich kann sagen, dass dies über die Jahre sehr gut gelungen ist. Mittlerweile gibt es ein großes Netz an ehemaligen IClern bei Merck, die sich in unterschiedlichen Managementpositionen behauptet und weiterentwickelt haben. Viele von ihnen sind heute gute Kunden. Und es sind über 80 Prozent aller von mir eingestellten Kollegen heute noch bei Merck. 2005 haben wir begonnen, zusätzlich Talente direkt von der Hochschule einzustellen, die mit einer naturwissenschaftlich-technischen plus einer adäquaten wirtschaftlichen Ausbildung den Einstieg in unser Unternehmen über ein Programm bei Inhouse Consulting fanden. Betrachtet man diese Zielgruppe separat, so sind heute noch über 90 Prozent in unterschiedlichsten Funktionen erfolgreich bei Merck tätig. Die Teamgröße wuchs mittlerweile auf rund 30 Personen an.

2006 berichtete ich zum ersten Mal direkt an ein Vorstandsmitglied, und so ist es auch heute noch. Damals unterstützten wir vor allem beim Aufbau der Internal Governance und der Einführung und Etablierung eines konzernweiten „Strategic Planning Process". Alle meine Vorgesetzten auf Vorstandsebene haben übrigens immer respektiert, wie wichtig eine vertrauensvolle Basis und eine unabhängige Position für uns als interne Beratung sind und unterstützten mich in dieser Richtung aktiv.

Aktuell wachsen wir auf eine Zielgröße von über 50 IClern bis Ende 2015, dann sehen wir weiter. Ein Treiber dafür ist neben der Tatsache, dass wir über all die Jahre stets ausgelastet waren und viele Anfragen absagen mussten, die stetig gestiegene Nachfrage nach Talenten, die entweder direkt von der Hochschule oder von externen Beratungen über Merck Inhouse Consulting ins Unternehmen entwickelt werden. Dies hat die Geschäftsleitung übrigens offiziell als Aufgabe für IC definiert.

Merck Inhouse Consulting hat sich als Einflugschneise für Talente bewährt, weil die Leistung im Konzern Anerkennung gefunden hat und IC als Team überzeugt.

Kürzlich haben wir eine zweite Präsenz in den USA in der Region von Boston eröffnet, um der steigenden Nachfrage vor Ort besser gerecht werden zu können. Gleichzeitig sehe ich dies natürlich als Chance, dort Top-Talente für uns und für dieses ungemein spannende Unternehmen Merck gewinnen zu können.

# II.
# Der Kampf um die klügsten Köpfe

Das Karrieremodell des Inhouse Consulting

Dieses Kapitel behandelt aus verschiedenen Perspektiven den „war-for-talents" sowie das Laufbahnmodell des Inhouse Consulting. Die inhaltlich aufeinander abgestimmten Beiträge beschreiben den umfassenden Kreislauf des Karrieremodells interner Beratungen. Die vier Beiträge rekurrieren auf die Bedeutung des Employer Branding für interne Unternehmensberatungen sowie die Wichtigkeit einer nachhaltigen Personalgewinnung und der Personalentwicklung als strategisches Instrument der Karriereplanung im Inhouse Consulting. Abschließend wird die Rolle der Alumni als identitätswahrender Träger der Kultur eines Unternehmens betont.

# Employer Branding der internen Unternehmensberatung

Differenzierungsbedarf aus Sicht der Bewerber am Beispiel von Siemens Management Consulting (SMC)

Von Felix Ludwig, CEO der Siemens Management Consulting (SMC)

Dass die erstmalige Diskussion von Arbeitgebermarken unter dem Schlagwort „Employer Branding" in der Fachliteratur 1996 zeitlich zusammenfällt mit der Geburtsstunde der internen Unternehmensberatung der Siemens AG, Siemens Management Consulting (SMC), ist sicher nur ein Zufall. Dennoch setzt auch SMC seit seiner Gründung auf eine bewusste Positionierung, um die für den Unternehmenserfolg so wichtigen „High Potentials" zu gewinnen. Im Folgenden sollen einige Kernaspekte aus Sicht der Bewerber geschildert werden.

## Zielgruppe High Potentials: leistungsbereit und anspruchsvoll

In den Grundlagen unterscheidet sich das Profil der gesuchten Kandidaten nicht wesentlich von den Einstellungskriterien, die auch namhafte Top-Managementberatungen als Maßstab an die Bewerber anlegen. Analytische Exzellenz, Geschäftsverständnis und in der Ausbildungs- und Berufspraxis bewiesene Sozialkompetenz sind Eckpfeiler des Anforderungsprofils. Auf die SMC-spezifischen Kriterien wird im weiteren Verlauf dieses Beitrags noch eingegangen.

Kandidaten, die diesen Anforderungen genügen, kennen ihren Marktwert: Mit hervorragenden Zeugnissen namhafter Universitäten, erfolgreich absolvierten Praktika und einer internationalen Ausrichtung sind es jene Bewerber, die oft aus mehreren Angeboten für den Berufseinstieg auswählen können. Wie selbstverständlich erwarten sie attraktive Gehaltspakete, flexible Arbeitszeitmodelle und Weiterbildungsmöglichkeiten, so dass sich der potentielle Arbeitgeber über Aspekte jenseits dieser Hygienefaktoren differenzieren muss.

## Marktumfeld: Mutterkonzern und externe Top-Managementberatungen

Im Verlauf der letzten Jahre sind interne Unternehmensberatungen als ernstzunehmende, attraktive Arbeitgeber für den Führungsnachwuchs in der Wahrnehmung der Zielgruppe zwar präsenter geworden, als es noch in der Frühzeit des Inhouse Consulting Mitte der 1990er Jahre der Fall war. Dennoch verfügen die internen Beratungen der großen Konzerne meist über deutlich begrenztere Ressourcen als die Top 3 der externen Managementberatungen, mit denen man im Bewerbermarkt konkurriert. So erfreulich es ist, dass sich auch das Employer Branding der jeweiligen Mutterkonzerne inzwischen stark professionalisiert hat, so stellt diese Entwicklung doch auch eine Herausforderung für die internen Beratungen dar, indem die Markenaussagen der Mutterkonzerne die spezifische Positionierung der internen Beratungseinheiten zu überstrahlen drohen.

Das kann einerseits den Effekt haben, dass der Bewerber stillschweigend Annahmen trifft, z.B. zur gewünschten Qualifikation (bei Siemens vermuten Bewerber z.b. oft, dass von SMC ganz überwiegend nur Ingenieure eingestellt werden). Andererseits prägt die öffentliche Berichterstattung über den Mutterkonzern auch dessen Image als Arbeitgeber, was sich ebenfalls auf die wahrgenommene Positionierung der internen Beratung auswirkt. Mit negativem Vorzeichen manifestierte sich das sehr konkret beispielsweise für SMC vor einigen Jahren im Zuge der sogenannten Compliance-Affäre des Konzerns, als die Attraktivität von Siemens als Arbeitgeber im maßgeblichen Ranking der jährlichen Universum-Studie von Absolventen plötzlich wesentlich schlechter bewertet wurde als in den Vorjahren. In diesem Fall zeigte sich, dass eine eigenständige Positionierung der internen Beratung vermag, exzellente Bewerber auch unter solchen Rahmenbedingungen für das Unternehmen zu interessieren.

## SMC. Living strategies: SMCs „Dual Mission" als Grundlage der Positionierung

Unter Berücksichtigung der oben geschilderten Rahmenbedingungen hat sich die Positionierung von SMC unter dem Claim „SMC. Living strategies" in den letzten Jahren entlang der sogenannten „Dual Mission" bewährt. Darunter ist zu verstehen, dass SMC zum einen das Ziel hat, die Wettbewerbsfähigkeit von Siemens durch die Beratungsprojekte nachhaltig zu steigern. Zum anderen besteht die Aufgabe darin, dabei Führungskräfte von morgen für das Unternehmen auszubilden.

Ein erster Baustein der Positionierung ergibt sich fast schon zwangsläufig aus dem Suchprofil: Indem SMC unmissverständlich — schon beim Erstkontakt mit potentiellen Bewerbern — erklärt, dass exzellente Leistungen im Studium und darüber hinaus erwartet werden, vermeiden wir das leider teilweise auftretende Missverständnis, dass interne Beratung eine „Beratung light" für weniger ambitionierte Kandidaten ist.

Die im Vergleich zu den großen externen Beratungen geringere Unternehmensgröße eigentlich aller internen Beratungen wirft die Frage auf, wie eine dauerhaft stabile Senioritätspyramide vom Einsteiger bis zum Partner gewährleistet werden kann. Für SMC haben wir die Antwort in der Suche nach Kandidaten mit Doppelqualifikation gefunden: Indem wir verstärkt auf Berufserfahrene zugehen und z.B. SMC an MBA-Schulen vorstellen, erreichen wir auch eine Zielgruppe, die für die Beratung oft erst noch interessiert werden muss. Die Chance, seine Vorerfahrung direkt in herausfordernden Projekten einbringen zu können und parallel ein individuelles Trainingsprogramm zu erhalten, kann vor allem jene Kandidaten überzeugen, die die Unternehmensberatung nicht als Selbstzweck sehen, sondern nach einem klaren Weg in die operative Verantwortung suchen.

Auf diesen Weg in die operative Verantwortung bereitet insbesondere auch die vergleichsweise schnellere Übernahme von Verantwortung in der internen Beratung vor. Durch die allseits akzeptiere zweite Mission, also den Auftrag, Führungsnachwuchs für den Konzern auszubilden, steigt auch die Bereitschaft der Kollegen im Mutterkonzern, sich mit den Standpunkten der Berater ernsthaft auseinanderzusetzen und diesen dabei oft auch Feedback zu ihrer Entwicklung zu geben. Zahlreiche Erfolgsbeispiele von attraktiven Transfers in den Konzern und eine Quote von 70 Prozent der SMC-„Absolventen", die im Konzern bleiben, sprechen für sich und können in der Bewerberkommunikation genutzt werden.

Zugute kommt der Klarheit der Positionierung weiterhin der Umstand, dass der eigene Beitrag der internen Beratung auch Interessenten meistens plastischer geschildert werden kann, als dies eine externe Beratung jenseits von Case Studies vermag: Durch die öffentliche Berichterstattung sind Bewerber typischerweise gut informiert über aktuelle unternehmerische Fragestellungen des Konzerns und verlieren über deren exemplarische Diskussion mit erfahrenen Beratern die manchmal vorhandene Sorge, dass eine interne Beratung nur an „Nebenthemen" arbeitet.

In der Ergänzung zum Employer Branding des Gesamtkonzerns gilt es für das Inhouse Consulting, jene Eigenheiten herauszuarbeiten, die aus Sicht des Bewerbers bei der internen Beratung eben besonders oder sogar deutlich abweichend sind. Absolventen bewerten Siemens immer wieder als Top-Arbeitgeber, z.b. im oben zitierten Universum-Ranking, aber es zeigen sich doch Unterschiede im Detail: Während der Konzern für angehende Ingenieure europaweit den Spitzenplatz belegt, findet er sich bei Absolventen der Wirtschaftswissenschaften „nur" im Mittelfeld. Da man für erfolgreiche Beratungsprojekte bei Siemens aber eine gesunde Mischung aller Fachrichtungen braucht, liegt dementsprechend einer der Kommunikationsschwerpunkte von SMC im Bewerbermarkt auf der Erklärung der Arbeitsinhalte gerade für Betriebswirte und andere Nicht-Ingenieure. Gleichzeitig gilt es, den besten Ingenieuren zu erklären, wie sie mit einem Einstieg zunächst in die Beratung ihre Employability langfristig steigern. Mit dem Beratungsfokus von SMC auf jene Themen, die das Top-Management bewegen, bieten sich bei jährlich 70 bis 80 Projekten Einsatzmöglichkeiten, die spezifisch auf die Vorkenntnisse zugeschnitten sind: Die Bandbreite reicht dabei vom Turnaround einer Geschäftseinheit inklusive Produktbenchmarking bis hin zur strategischen Planung des Markteintritts in bisher nicht adressierte Märkte.

Die Bandbreite der Geschäfte des Konzerns ist spezifisch für SMC auch ein Argument der Kandidaten, das wir in den fast 1.000 Bewerbungsgesprächen jährlich immer wieder als Motivation für das Interesse an SMC hören — sozusagen das Gegenteil des oft behaupteten „Conglomerate Discount". Auch aus Sicht der internen Beratung ist es wünschenswert, dass die Berater im Laufe ihrer Karriere mehrere Geschäfte kennenlernen. Entsprechend berücksichtigen wir diesen Attraktivitätsfaktor systematisch bei der Auswahl der Projekte und stellten so sicher, dass Berater nicht immer wieder nur im gleichen Metier eingesetzt werden. Insbesondere Kandidaten, die schon Erfahrungen bei anderen Beratungen gesammelt haben, wissen dies sehr zu schätzen.

Wenngleich hier nur ausgewählte Aspekte der Positionierung dargestellt werden können, zeigen die vorgenannten Punkte doch die Notwendigkeit, auf die spezifischen Bedürfnisse der Inhouse Consultancy-Interessenten bereits in der Positionierung am Bewerbermarkt einzugehen. Nachdem das schiere Vorhandensein einer internen Beratungseinheit schon lange kein Alleinstellungsmerkmal mehr ist, kommt es darauf an, der anspruchsvolle Zielgruppe der High Potentials ein Arbeitsumfeld zu bieten, das Ihnen die erwarteten Entfaltungsmöglichkeiten bietet.

# Nachhaltige Personalgewinnung unter dem Zielbild der Konzernperspektive bei der Deutschen Telekom

Von Olaf Salm, Leiter Center for Strategic Projects (CSP)
der Deutsche Telekom AG Group Services

Perspektiven in der Steuerung des Konzerns Deutsche Telekom — dieses Leitbild prägt die Personalgewinnung des Center for Strategic Projects (CSP), der Inhouse Consulting der Deutschen Telekom Gruppe, vom ersten Tag an. Und das beginnt bereits bei der Rekrutierung. Die Nachfrage des Konzerns nach bereichsübergreifend denkenden und arbeitenden Menschen ist groß — und darauf hat sich auch die Personalgewinnungsarbeit des CSP mit Erfolg ausgerichtet: An vielen strategischen Schlüsselstellen im Konzern findet man heute bereits Alumni des CSP. Mit einer Placement-Quote von über 90 Prozent ist es die Regel, dass Mitarbeiter in den Konzern wechseln, 50 Prozent sogar direkt in Management- und Führungspositionen.

## Persönlichkeit und Problemlösungskompetenz als Maxime

Das CSP fokussiert dabei bewusst auf Person und Persönlichkeit, wenn es um die nachhaltige Personalgewinnung geht. Gesucht werden „smarte Macher", und diese Persönlichkeit ist dann auch der Erfolgsgarant, um in einem hoch dynamischen Umfeld mit komplexen Herausforderungen auch mit nachhaltiger Wirkung agieren zu können.

Diese Kompetenz wird schon früh im Auswahlverfahren bewertet — und ein gleicher Beurteilungsmaßstab sowohl bei konzerninternen als auch -externen Kandidaten angelegt. Dabei gibt es von Anfang an in Personalgewinnung und -identifikation eine enge Verzahnung mit dem Personalbereich des Konzerns, um geeignete Persönlichkeiten für die Bedarfe des Konzerns zu finden und zu entwickeln.

Durch die Digitalisierung der Geschäftsmodelle (vgl. den Beitrag von Deprez/Menden in diesem Buch) und immer kürzere Entwicklungszyklen in der Telekommunikationsbranche muss das Management immer schneller und agiler werden. Fachwissen ist dabei natürlich der elementare Baustein, aber im Vordergrund steht die Notwendigkeit, neue Wege zu erschließen, Silos aufzubrechen und Brücken zu bauen — kurzum Lösungsansätze zu gestalten und umzusetzen. Das CSP ist daher eine optimale Vorbereitung auf eine spätere Führungsverantwortung im Management des Unternehmens. Die Projekt- und Beratungsarbeit ermöglicht es, den Konzern in seiner Vielfalt kennenzulernen. Durch die persönlichkeitsorientierte Personalrekrutierung und Ausbildung entwickeln sich die Mitarbeiter zu erfolgreichen Machern — aufbauend auf dem Prinzip des „Trusted Advisor" (David H. Maister) stärken sie ihre strukturierten, sachlich-argumentativen Kommunikations- und Gestaltungsfähigkeiten.

## Grundsteinlegung bereits im Recruiting

Vom Recruiting über die verschiedenen Entwicklungsmaßnahmen und Qualifizierungsangebote wird alles auf den Konzernbedarf ausgerichtet. Die Projektarbeit bildet dabei den Kern der Arbeit.

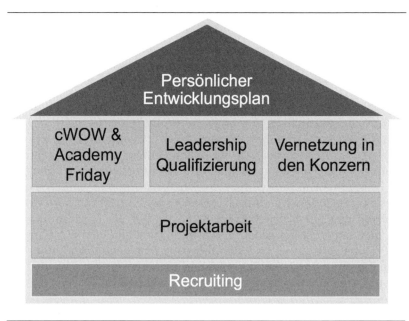

*Stärkenorientierte Personalgewinnung nach Konzernbedarf*

Eine für den Konzern und den Mitarbeiter gleichermaßen erfolgreiche Karriere entscheidet sich bereits im Auswahlprozess. Wirklich nachhaltige Erfolgsgaranten sind dabei nicht ausschließlich die fachliche Qualifikation und Weiterbildung. Für den Entwicklungserfolg sind drei weitere Faktoren entscheidend:

1. Ein Persönlichkeitsprofil, das eine hohe Entwicklungskompetenz prognostiziert: hier achtet das CSP insbesondere auf die Fähigkeit zur konstruktiv-kritischen Selbstreflexion, auf ein Gespür für Kontexte und Zusammenhänge sowie auf eine Balance zwischen gesundem Ehrgeiz und notwendiger Beurteilungsstärke.

2. Eine Affinität zur Arbeit in einem hoch transformatorischen Kontext: Denn dies ist die Anforderung an die Arbeit im CSP – wie auch später an die Führungsarbeit in der Konzernlinie. Hier steht im Vordergrund, inwieweit die Kandidaten Energie und Motivation aus der Arbeit in unsicherem Terrain ziehen, inwieweit sie sich mit einer stark hypothesenbasierten Arbeitsweise wohlfühlen und in der Lage sind, in diesem Kontext lösungs- und umsetzungsorientiert zu handeln.

3. Die Stabilität und Belastbarkeit des Wertegerüsts gerade vor dem Hintergrund des hohen Veränderungsdrucks im Umfeld: Das Wertemodell der Telekom – „Guiding Principles" sowie die ergänzenden „Leadership Principles" – ist der kulturelle Anker des Konzerns und schafft Stabilität gegenüber den Mitarbeitern.

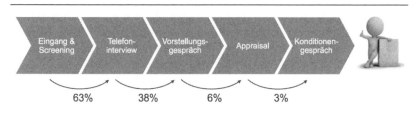

% entspricht Selektionsquote; Quelle: Recruiting CSP

*Recruitingprozess*

Um diese drei Faktoren im Auswahlprozess zu überprüfen, hat das CSP einen vierstufigen Recruitingprozess entwickelt (siehe Grafik). Diesem ist ein aktives Engagement an Hochschulen und auf relevanten Recruitingmessen sowie ein ausgeprägtes Praktikaprogramm vorgeschaltet, um ein qualitativ hochwertiges Bewerberfeld zu erzielen.

## Zielbild des „Trusted Advisors"

Das CSP begleitet die strategisch wichtigsten Transformationsprojekte des Konzerns. Probleme lösen, alte Strukturen aufbrechen und Vertrauen in die Veränderung schaffen stehen hier im Vordergrund.

Der Beratungsansatz des CSPs basiert dabei auf dem Ideal des „Trusted Advisors". Durch den Druck und permanenten Umbruch im Liniengeschäft ist es für das Management wichtig, einen Berater zu gewinnen und zu haben, dem grundlegend vertraut wird. Diese vertrauensvolle Projektbeziehung bildet die Grundlage für den gestalterischen Einfluss der Mitarbeiter des CSP, gestaltet aber auch häufig die Basis für eine spätere Arbeitsbeziehung. Die Projekterfahrungen, das wachsende Verständnis für Strukturen und Mechanismen unterschiedlichster Konzernbereiche und das persönliche Netzwerk zu Entscheidungsträgern sind von unschätzbarem Wert und durch kein Training oder Seminar zu ersetzen. Das Zielbild des „Trusted Adivors" muss bereits in der Personalrekrutierung von Anfang an angelegt sein.

Herzstück auf dem Weg zum „Trusted Advisor" bildet die Kenntnis und Auseinandersetzung mit den unterschiedlichen Persönlichkeitstypen. Es kommt darauf an, dass die CSP-Berater sowohl ihre eigene Persönlichkeit als auch die ihrer Kollegen treffend einzuschätzen wissen. Wer Veränderung erreichen will, muss verstehen, was sein Gegenüber bewegt und wie er partnerschaftlich tragfähige Lösungen herbeiführen kann. Dazu bedarf es der Kenntnis entsprechender Fragetechniken und Kommunikationsmethoden. Die exakte Analyse, das Erkennen, die Auswahl und die Gewinnung der verschieden Beratertypologien nach Konzernbedarf ist der Kern der Personalrekrutierung.

Die Basis eines nachhaltigen Auswahlprozesses ist eine „stärkenorientierte Personalentscheidung", die nicht versucht „Schwächen zu minimieren, sondern Stärken zu maximieren" (Peter F. Drucker, The Effective Executive, 2015, S. 79).

„Diese Regel gilt insbesondere für den Berufseinsteiger in der Wissensarbeit", schreibt der bedeutende Managementberater über das Recruiting des Wissensarbeiters im Consulting: „Was auch immer seine Stärke ist, er sollte auf jeden Fall die Möglichkeit haben, sie voll einzubringen. In seiner ersten Anstellung werden die Maßstäbe gesetzt, an denen sich der Wissensarbeiter für den Rest seines Berufslebens orientiert und sich und seinen Beitrag misst. Bis er die erste Stelle seines

Erwachsenenlebens antritt, hat er nie Gelegenheit, wirklich Leistung zu erbringen. In seiner Ausbildung kann er lediglich sein Potenzial unter Beweis stellen. Leistungen aber sind erst im echten Berufsleben möglich." (ebd., S. 88)

Mit der Einstellung im CSP beginnt dann eine Laufbahn, deren Kern die Projekt- und Beratungsarbeit selbst darstellt. Um sie herum hat das CSP vier flankierende Elemente definiert: Aufbauend auf der konkreten Projekterfahrung hat das CSP den „Center Way of Working" (cWoW) entwickelt: Ein Curriculum, das von Mitarbeitern für Mitarbeiter konzipiert und angeboten wird, von einem zweitägigen Boot-Camp über 14-tägige interne Weiterbildungen, genannt Academy Friday, bis hin zu Videotutorials und konkreten methodischen Unterstützungsangeboten; ferner Qualifizierung, aufgeteilt in fachlich-methodische Weiterbildung und Leadership-Qualifizierung, die Vernetzung in den Konzern und als verbindendes und persönliches Element den Leitfaden zur individuellen Entwicklungsplanung.

## Vernetzung in den Konzern als Ziel nachhaltiger Rekrutierung

Die gezielte Verbindung in den Konzern wächst natürlich fast automatisch aus dem Geschäftsmodell des Centers heraus. Die Arbeit in wechselnden Transformationsprojekten an verschiedenen Stellen im Konzern stellt bereits wertvolle Kontakte in die Linienorganisation her. Die sehr fokussierte Ausrichtung des CSP auf die Kernelemente der Transformationsstrategie sichert die Visibilität der Berater an zentralen Stellen. Dennoch kann dieser „Selbstläufer" durch gezielte Netzwerkarbeit unterstützt und gestärkt werden. Die Vernetzung in den Konzern ist aber das Ziel nachhaltiger Rekrutierung von Anfang an. Das Potential zum späteren Sprung in eine Linienaufgabe im Konzern muss in der Personalrekrutiert antizipiert werden.

Die Statistik gibt dem CSP und seiner Personalgewinnung Recht. Trotzdem ist es keine reine Kaderschmiede. Jeder muss seinen Weg im Konzern selbst finden. Es gibt keinen Automatismus hin zu Führungspositionen. Auch hat nicht jeder Mitarbeiter dieses Ziel. Das CSP baut die Treppe in den Konzern, gegangen wird sie von jedem Einzelnen auf seine Weise. Und jeder entscheidet individuell, auf welcher Etage er aussteigt. Es ist genau diese Individualität der Mitarbeiter, die den Konzern trägt und voranbringt.

# Bayer Business Consulting als strategisches Instrument der Mitarbeiterentwicklung

Von Alexander Meyer auf der Heyde, Bayer Business
Consulting Global Head

Ob interne oder externe Berater die besseren Ergebnisse für ein Unternehmen realisieren, ist eine oft gestellte Frage, die sich sicherlich nicht pauschal mit Ja oder Nein beantworten lässt. Fakt ist: Praktisch jeder Großkonzern leistet sich heute ein eigenes Inhouse Consulting, so dass die zunehmende Bedeutung der internen Beratung schon an der wachsenden Zahl der internen Beratungsabteilungen abzulesen ist. Grund genug, die Stärken und Besonderheiten der internen Beratung zu analysieren und aufzuzeigen. Bereits auf den ersten Blick fällt dabei auf, dass es nicht nur signifikante Unterschiede zwischen internen und externen Beratern gibt. Auch die konzerneigenen Beratungsbereiche unterscheiden sich zum Teil erheblich voneinander. Deshalb lassen sich an dieser Stelle allein die charakteristischen Kennzeichen der Managementberatung von Bayer skizzieren, die organisatorisch zur Konzerngesellschaft Bayer Business Services gehört und die mit rund 170 Mitarbeiterinnen und Mitarbeitern auf vier Kontinenten zu den größten Inhouse-Beratungsgesellschaften weltweit gehört.

## Inhouse Consulting bei Bayer: Beratung und mehr

Wer jedoch glaubt, dass Inhouse Consulting-Gesellschaften an grundsätzlich anderen Parametern gemessen werden als externe Berater, irrt zunächst einmal prinzipiell. Denn auch wir bei Bayer Business Consulting werden in erster Linie an der Beratungsleistung innerhalb eines Projekts beurteilt und stehen in direktem Wettbewerb zu externen Unternehmensberatungen. Vor diesem Hintergrund lassen sich die Vorteile einer internen Beratung kaum an einfachen Zahlenvergleichen festmachen, sondern sind sehr vielschichtig und müssen differenzierter betrachtet werden. So gibt es bei Bayer einen zweiten, ganz wesentlichen Aspekt für die Inhouse-Beratung: Bayer Business Consulting leistet wichtige strategische Beiträge zur Personalentwicklung im Gesamtkonzern — insbesondere bei der Identifizierung und Entwicklung von Talenten für Positionen im mittleren und höheren Management. Ein Umstand, der wiederum spezifische Anforderungen an die

Mitarbeiter und potentielle Bewerber stellt, wie ein Blick auf den Werdegang und das klassische Profil der Inhouse-Berater von Bayer zeigt.

## Start bei Bayer Business Consulting: Persönlichkeit zählt

Jährlich steigen etwa 40 neue Beraterinnen und Berater bei Bayer Business Consulting ein. Angesichts von rund 5.000 Bewerbungen im Jahr ergibt sich daraus rein rechnerisch eine Einstellungsquote von 0,8 Prozent. Entsprechend müssen sich potentielle Kandidaten bei Bayer Business Consulting auf ein intensives Auswahlverfahren einstellen, bei dem neben einer erstklassigen Ausbildung und Qualifikation eine ausgeprägte Beraterpersönlichkeit mindestens genauso wichtig ist. Das bedeutet: Eine konsequente internationale Ausrichtung inklusive der dazugehörigen Mehrsprachigkeit, ein stilsicheres und kommunikatives Auftreten sowie ein ausgeprägtes Verantwortungsbewusstsein gegenüber Gesellschaft und Stakeholdern stehen bei Bayer Business Consulting ganz oben auf der Liste des Anforderungsprofils.

Die Möglichkeit, aus einem großen Pool an Bewerbern schöpfen zu können, hat bei Bayer Business Consulting übrigens einen weiteren interessanten Nebeneffekt. Die ideale Besetzung vakanter Stellen hat fast schon automatisch zu einer bemerkenswerten Vielfalt in der Belegschaft geführt, die in externen Unternehmensberatungen mutmaßlich unerreicht ist. Unter den rund 170 Mitarbeitern bei Bayer Business Consulting sind rund 25 Nationalitäten vertreten, wir verfügen über ein nahezu ausgeglichenes Geschlechterverhältnis über alle Hierarchieebenen hinweg, und auch was die Vielfalt an Ausbildungsgrundlagen angeht, ist Bayer Business Consulting sehr breit aufgestellt. So findet sich neben den wirtschaftswissenschaftlichen Disziplinen eine Reihe von Mitarbeitern mit naturwissenschaftlichem, ingenieurwissenschaftlichem und medizinischem Hintergrund. Diese Diversität wird zusätzlich durch den vorherigen Karriere- und Ausbildungsweg unterstützt. Rund 45 Prozent unserer Mitarbeiter rekrutieren wir über Universitäten und die Top-MBA-Schulen, weitere 35 Prozent haben ihre Karriere in externen Beratungshäusern begonnen und etwa 20 Prozent kommen aus Industrieunternehmen, wobei dies auch den Mutterkonzern Bayer einschließt.

## Das Rotationsprinzip: anspruchsvolle Aufgaben im internationalen Umfeld

Doch um Bayer Business Consulting als strategisches Element der Personalentwicklung bei Bayer zu verstehen, ist es notwendig, die berufliche Entwicklung unserer Inhouse-Berater ein wenig näher zu beleuchten. In der Praxis lässt sich die typische Karriere bei Bayer Business Consulting als grundsätzlicher Prozess beschreiben: Einstellung, Weiterentwicklung auf Managementberatungsprojekten und nach durchschnittlich drei bis vier Jahren die Weiterentwicklung in den Konzern. Diesen Prozess als rein linear aufzufassen, greift jedoch zu kurz und wird auch dem Anspruch einer strategischen Personalentwicklung nicht gerecht. Denn einerseits steht auch interessierten und qualifizierten Mitarbeitern aus dem Konzern der Weg in unser Inhouse Consulting offen. Andererseits ist es völlig unrealistisch, Anwärter bereits bei der Einstellung unmittelbar auf zukünftige Konzernfunktionen vorzubereiten. Denn damit würden wir eine starre Richtung vorgeben, behindern wir die Entwicklung von Talenten und können in der Folge unseren eigenen Anspruch — geeignete Stellen mit den besten Bewerbern zu besetzen — nicht mehr erfüllen. Zudem haben nur wenige Hochschulabsolventen direkt nach ihrem Abschluss bereits eine genaue Vorstellung von der Position, die sie im Laufe ihrer Karriere erreichen wollen. Hier können die vielfältigen Erfahrungen auf den Managementberatungsprojekten wertvolle Richtung geben.

Die damit verbundenen Herausforderungen im Bereich der Personalentwicklung für den Konzern lösen wir bei Bayer Business Consulting mit dem Rotationsprinzip. Dabei geht es nicht allein um die Position, die zu einem gegebenen Zeitpunkt frei wird. Vielmehr suchen wir in unserem Talentpool nach interessierten und geeigneten Persönlichkeiten und bieten ihnen die Möglichkeit, sich gezielt auf diese Stelle hin zu entwickeln. Bewerber rotieren gleichsam auf den Posten. Idealerweise werden sie dazu auf passenden Projekten eingesetzt, erhalten weiterführende Trainings und werden immer näher an ihren künftigen Aufgabenbereich herangeführt. Grundlage für diese strategische Personalentwicklung ist ein intensiver Austausch mit allen relevanten Bayer-Einheiten, die mit Personalfragestellungen befasst sind. Eine primäre Aufgabe besteht darin, die Dienstleistung Managementberatung und die strategische Personalentwicklung exakt aufeinander abzustimmen und zu optimieren. Damit verschaffen wir uns eine Reputation auf dem Bewerbermarkt, die erforderlich ist, um tatsächlich die Top-Talente anzuziehen.

Ein Beispiel für diese Zusammenarbeit ist der Dialog mit dem Konzernbereich Einkauf, der regelmäßig alle sechs Monate stattfindet und sich bei Bayer seit zweieinhalb Jahren zu einer festen Institution etabliert hat. Gemeinsam mit den Kollegen aus dem Einkauf wird die Besetzung von Positionen in der Regel mit einem Vorlauf von 12 bis 18 Monaten geplant, so dass für die Talentauswahl und persönliche Weiterqualifizierung ausreichend Zeit zur Verfügung steht. Bayer Business Consulting und die Führungskräfte aus der jeweiligen Geschäftsfunktion übernehmen dabei gemeinsam Verantwortung für die Entwicklung von Talenten, da deren Profile gemeinsam betrachtet und diskutiert sowie die anschließend notwendigen weiteren Entwicklungsmaßnahmen besprochen werden. Der Fachbereich Einkauf dient hier nur als Beispiel, denn auch mit anderen Geschäftsfunktionen finden vergleichbare Dialoge zur Personalentwicklung statt.

Dass dieser Prozess im internationalen Umfeld stattfindet, versteht sich von selbst. Nicht nur, dass Bayer als globaler Konzern weltweit nach Nachwuchskräften sucht, auch unser Kerngeschäft — die Managementberatung — ist natürlich international ausgerichtet. So ist Bayer Business Consulting mit sieben Büros in vier Ländern vertreten und kann mit Dependancen in Leverkusen, Berlin, Schanghai, Peking, Pittsburgh, Morristown und São Paulo sämtliche Wirtschaftsregionen in Europa, im Raum Asien/Pazifik sowie in Nord- und Lateinamerika abdecken.

## Trainings und mehr: Vorbereitung auf die Konzernkarriere

Die gezielte Vorbereitung auf eine mögliche Linienfunktion im Konzern kann von unserem primären Kerngeschäft — der Managementberatung — jedoch nicht abgekoppelt werden und startet bereits vom ersten Tag an. Neueinsteiger bekommen ein umfassendes Einstiegsprogramm, damit sie den Bayer-Konzern kennenlernen, ihr eigenes Netzwerk aufbauen und unsere Arbeitsweise verinnerlichen. Dieses Vorgehen schafft sowohl die Basis für einen einzigartigen Beratungsansatz, den nur Inhouse Consulting bieten kann, als auch eine exklusive Möglichkeit zur persönlichen Karriereplanung.

Zur Entwicklung von Nachwuchsführungskräften gehört für uns auch internationale Erfahrung. So achten wir bei der Auswahl unserer Bewerber stark darauf, ob der individuelle Werdegang bereits eine internationale Ausrichtung erkennen lässt. Denn die tägliche Arbeit ist ganz wesentlich durch Vernetzung geprägt, geht über alle Landesgrenzen hinaus und findet häufig in Teams statt, die sich über unsere sieben Büros weltweit verteilen. Deshalb investieren wir viel in Trainings und Veranstaltungen, bei denen Kollegen aus den verschiedenen Büros zusammenkommen und sich kennenlernen. Auf dieser Basis konstituieren wir die richtigen Teams für ein Projekt, erwarten von jedem Mitarbeiter eine internationale Einsatzbereitschaft und fördern so die interkulturellen Fähigkeiten jedes Einzelnen. Die Projekte, die Bayer Business Consulting in den letzten Jahren für den Bayer-Konzern unterstützte, umfassten Einsatzorte in mehr als 40 Ländern weltweit.

Die zweite Säule der Mitarbeiterentwicklung sind unsere Trainings, die gezielt als Steuerungselement für das bereits erwähnte Rotationsprinzip eingesetzt werden. Genau wie in externen Unternehmensberatungen verfolgt das Trainingsprogramm aber primär das Ziel, Kompetenzen und Know-how auszubauen, die für eine qualitativ hochwertige, ergebnisorientierte Beratung zwingend notwendig sind. Auch die Inhalte sind — ähnlich wie bei vielen externen Unternehmensberatungen — äußerst facettenreich und reichen beispielsweise von den Grundsätzen des Consulting über die Vermittlung von Präsentations-, Moderations- und Analysefähigkeiten bis hin zu Veranstaltungen in den Bereichen Leadership und Coaching — angepasst an das jeweilige Senioritätslevel.

Außerdem haben wir eine Initiative ins Leben gerufen, bei der sich unsere Mitarbeiter in Kooperation mit der Bayer Cares Foundation für mehrere Monate auf diversen Entwicklungshilfeprojekten engagieren können. Über diese „Bayer People Care for Society"-Projekte bieten wir interessierten Mitarbeitern nicht zuletzt die Chance, Fähigkeiten zu entwickeln, die in der normalen Arbeitswelt nicht unbedingt zum Standard gehören. Beispiele für Projekte, an denen unsere Berater in jüngerer Vergangenheit beteiligt waren, sind der Wiederaufbau eines Krankenhauses auf den Philippinen nach dem Taifun „Haiyan" oder die Entwicklung und der Aufbau eines Gartens in Bolivien, der Kinder mit Lebensmitteln versorgt und den wirtschaftlichen Betrieb eines Waisenhauses aufrechterhält. Mit solchen Projekten positionieren wir uns auch im Wettbewerb um die besten Talente und Nachwuchskräfte — auch im Vergleich zu den Inhouse Consulting-Bereichen anderer Unternehmen.

## Fokus auf das Kerngeschäft: die Beratung

Neben den attraktiven Karrierechancen im Mutterkonzern gibt es eine Reihe weiterer Argumente, die für eine berufliche Laufbahn im Inhouse Consulting sprechen. Zum einen lernen Berufsanfänger bei Bayer Business Consulting das Beratungsgeschäft von der Pike auf und treffen auch organisatorisch auf Strukturen und Hierarchieebenen, die in externen Beratungshäusern gang und gäbe sind. Ein etabliertes System, das übrigens auch quereinsteigenden Professionals zugutekommt, da sie sich spontan zurechtfinden. Zum anderen sind die funktionsabhängigen, spezifischen Fort- und Ausbildungsprogramme durchaus vergleichbar, so dass im Bereich der Qualifikation eher eine Kongruenz zwischen internen und externen Beratern festzustellen ist.

Was das Inhouse Consulting bei Bayer stark macht, ist die unmittelbare Nähe zum Konzern: Wir haben ein wesentlich besseres Verständnis für die Aktivitäten von Bayer, die Produkte und die Organisation. Wir verfolgen dasselbe Ziel, haben uns ein sehr ausgeprägtes Vertrauensverhältnis erarbeitet und verfügen über einen eingespielten Informationsfluss. Vor allem sind wir tief in den Projekten verankert, weil wir als Inhouse-Beratung den Anspruch haben, nicht nur strategisch-konzeptionell zu arbeiten, sondern auch an der operativen Umsetzung mitzuwirken, bis die erwarteten Ziele eines Konzepts erreicht sind.

Gerade die operativen Fähigkeiten entwickeln wir gezielt weiter. Dafür steht unter anderem das „Transfer Qualification Program" (TQP). Innerhalb dieses Programms werden Mitarbeiter in der Regel für drei Monate in einen operativen Bereich versetzt — zum Beispiel das Marketing oder die Produktion — und erwerben Fähigkeiten, die später bei der potentiellen Übernahme einer Linienfunktion im Konzern einen persönlichen Mehrwert bedeuten. Denn der Praxisbezug erweitert den Beratungshorizont um eine ganz wesentliche Dimension, so dass die Kunden nicht nur vom theoretischen Know-how der Berater profitieren.

Insgesamt ist die Chance, an besonders interessanten Konzernprojekten mitzuwirken, speziell bei Bayer Business Consulting ausgezeichnet. Das liegt auch an der Mannschaftsstärke, die mit gut 170 Mitarbeitern eine ideale Größe erreicht. Die Zahl ergibt sich aus der Fluktuation in die Linienfunktionen des Konzerns, die konzeptionell so gewollt ist. Mit diesem gemanagten Personalwechsel stellen wir gleichzeitig sicher, dass die Mitarbeiter circa drei bis fünf Jahre im Inhouse Consulting tätig sind, eine fundierte Ausbildung erhalten, tiefgreifende Erfahrungen sammeln können und wir gleichzeitig eine hohe inhaltliche Expertise entlang der gesamten Wertschöpfungskette besitzen – als wesentliche Voraussetzung für eine wettbewerbsfähige Managementberatung.

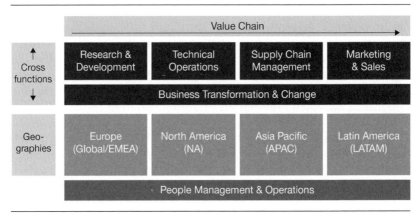

*Bayer Business Consulting: Value Chain*

Doch mit der Größe, die wir erreicht haben, können wir nicht jedes Projekt im Konzern begleiten und konzentrieren uns daher als Partner unserer internen Kunden auf Themenbereiche, in denen wir regelmäßig für den Konzern aktiv werden können. Dies sind vielfach übergreifende Konzernthemen. Wir spielen dabei unsere Stärken aus, kombinieren exzellentes, inhaltliches Know-how mit einer gewachsenen Kundennähe und setzen uns im Wettbewerb um Aufträge auch erfolgreich gegen die renommierten externen Beratungshäuser durch.

Selbst wenn die Eingangsfrage zur besseren Performance einer externen oder internen Beratung am Ende immer noch offenbleiben muss: Als Arbeitgeber bietet das interne Business Consulting erstklassige Perspektiven – nicht nur für den späteren Einstieg in die Linienfunktionen des Konzerns, sondern insbesondere auch für eine fundierte, anspruchsvolle, bisweilen anstrengende, aber auch reizvolle Karriere als Managementberater.

# Über die Bedeutung der Alumni bei BASF Management Consulting

Wesentliche Träger des Karrieremodells des Inhouse Consulting sind die Alumni. Sie stellen authentisch die kulturelle und operative Kontinuität zwischen interner Beratung und dem Konzern sicher. Alumni sind das innere Band und die stabile Brücke zwischen Inhouse Consulting und Unternehmen. Die beruflichen Perspektiven, die eine Konzern-Mutter ihren ehemaligen Beratern bieten kann, sind in den erfolgreichen Ex-Beratern als Säulen der Unternehmensidentität verwirklicht. Die Fluktuation der internen Berater in Linienorganisationen ist bewusst geplant. Denn sie werden mit den vielseitigsten Kenntnissen des Unternehmens als wertvolle Ressourcen an das eigene Unternehmen abgegeben.

Der Herausgeberkreis fragte daher eine Inhouse-Beratung an, für die die Förderung der Alumni einen besonders hohen Stellenwert genießt. Exemplarisch für andere Inhouse-Beratungen und auf den Punkt gebracht wollten wir von der BASF Management Consulting (ZZC) wissen, wie sie die Rolle ehemaliger Berater und Beraterinnen für den eigenen Konzern definiert.

## „We are one company!"

Von Bernhard Falk, Director Practice Group Post-Merger-Integration Excellence der BASF Management Consulting (ZZC)

Warum leben wir aktiv ein Alumni-Netzwerk bei BASF Management Consulting? Schließlich sind wir weiterhin in einer Firma. Die Alumni verlassen das Unternehmen ja nicht, sondern sind weiterhin erreichbar.

Dass wir eine aktive Alumni-Kultur etabliert haben, liegt zu allererst daran, dass BASF als Ganzes ein Netzwerk ist und vom Netzwerken lebt. BASF betreibt seit jeher sowohl auf der Ebene der Führungskräfte als auch auf allen anderen Ebenen die aktive Stellenrotation. Die Alumni von ZZC sind ein Teil dieses BASF-Netzwerkes. Das ist also zunächst einmal konkret gelebte BASF-Kultur.

Des Weiteren bleibt man als Alumni von BASF Management Consulting in der Verpflichtung, einen klaren Blick und ein klares Bild zu zeichnen für die Einheit, in der man gerade arbeitet. Wenn wir in Projekten mit und für diese Einheiten arbeiten, sind unsere Alumni erste Anlaufstelle, sowohl als Betroffene oder als Auftraggeber, damit wir Klartext reden und die Karten auf den Tisch legen.

Alumni sind selbstverständlich auch Mentoren für die nachfolgenden Generationen von ZZC-Beratern. Sie geben Orientierung und Ratschläge in der Realisierung der eigenen Karriereziele. Vertrauen spielt auch hier eine ausschlaggebende Rolle. So hat auch schon der ein oder andere ehemalige ZZC-Berater nachfolgenden Generationen dabei geholfen, die passende Anschlussstelle innerhalb der BASF zu finden.

*Last but not Least.* Neulich sagte ein Berater bei seiner Verabschiedung: „Obwohl hier bei ZZC ein beständiges Kommen und Gehen ist, die Kultur und der positive Spirit dieser Einheit hat sich in meiner Zeit kein Stück geändert. Ich bin stolz, hier gearbeitet zu haben. Und freue mich, weiter mit BASF Management Consulting verbunden zu bleiben."

Es ist und bleibt etwas Besonderes, in der Inhouse-Beratung von BASF gearbeitet zu haben. Daher bleibt man der Einheit emotional verbunden und freut sich darauf, zweimal im Jahr zu Veranstaltungen von ZZC eingeladen zu werden. Spaß hatten wir und haben wir miteinander auch nach unserer ZZC-Zeit. Schließlich haben wir gelernt, Prioritäten zu setzen. Und: We are one company! Wir, die Aniliner bei BASF.

# III.
# Neue Formen unternehmerischer Kooperationen zwischen externen und internen Beratungen

Dieses Kapitel beschreibt die neuen unternehmerischen Kooperationsformen zwischen externen und internen Beratungen mit der Industrie, die in der jüngsten Vergangenheit entstanden sind. Ausgehend von grundsätzlichen Überlegungen zur Zusammenarbeit von internen mit externen Unternehmensberatungen werden zwei konkrete Joint Ventures zwischen externen Unternehmensberatungen und der Industrie dargestellt. Beide unternehmerischen Kooperationen haben das Potential, das traditionelle Verhältnis von industriellem Auftraggeber zu beratendem Dienstleister vorbildhaft verändern zu können. Die beiden Unternehmensgründungen Lumics und rpc bekräftigen mit ihren jeweiligen Fusionspartnern die Notwendigkeit der Implementierung als integralem Bestandteil strategischer Beratung, die von der Industrie eingefordert wird.

Parallel zu diesen beiden jüngsten, möglicherweise zukunftsprägenden Joint-Ventures ist auch die gezielte Fusions-Strategie der Wirtschaftsprüfungsgesellschaften mit anderen externen Unternehmensberatungen von der inneren Notwendigkeit getrieben, Strategie und Umsetzung zu verbinden. Dargestellt werden die Fusionen zwischen PwC und Strategy& sowie EY und J+M Management Consulting anhand ihrer gelungenen, in der Beratungsbranche seit 2012 singulären Imagekampagnen.

Das Kapitel schließt mit einem Überblick ursprünglich als interner Unternehmensberatungen gestarteter Consultingunternehmen, die nach Übernahmen ihre professionellen Dienstleistungen auch am externen Markt anbieten: konkret sind dies die ursprünglich zum Daimler-Konzern zählende, auf Lean-Methoden spezialisierte Beratung MBtech, die heute zu dem weltweit führenden Technologiekonzern AKKA gehört sowie die nach dem Zusammenschluss von Detecon und Diebold Managementberatung entstandene Bonner Unternehmensberatung Detecon International. Zum Volkswagenkonzern gehörig bietet auch Porsche Consulting intern und am freien Markt Unternehmensberatung an, die ebenfalls stark an Kaizen ausgerichtet ist.

# Grundsätzliche Überlegungen zu strategisch-unternehmerischen Kooperationen zwischen internen und externen Unternehmensberatungen

Von Gerhard Hastreiter, Managing Partner der Allianz Consulting

## Auf dem Weg zu einem neuen Gleichgewicht

Grundsätzliche Überlegungen zu strategisch-unternehmerischen Kooperationen zwischen internen und externen Unternehmensberatungen liegen im Trend. Wieder einmal. Nach einer ersten Welle des Erfolgs vor etwa zwanzig Jahren, die einige nachhaltig erfolgreiche interne Beratungen hervorgebracht hat, übernahmen externe Beratungen wieder weitgehend das Feld. Aktuell aber entstehen und wachsen Inhouse-Beratungen erneut in allen namhaften Konzernen. Sie sind auf dem Weg, sich erfolgreich als „vierte Säule" der Beratung zu etablieren. Vieles spricht dafür, dass der Trend diesmal stabil und nachhaltig ist.

Was bedeutet diese Entwicklung für die Koexistenz oder Kooperation zwischen der neuen – oder „wiedererstarkten" – Kraft der internen Beratungen und den etablierten externen Beratern? Wo endet der Wettbewerb und wo beginnt die Zusammenarbeit? Wie sehen Modelle der Kooperation aus? Beide Seiten müssen sich auf ein neues Gleichgewicht einstellen. Um zu verstehen, wie sich dieses neue Gleichgewicht gestalten kann, sollten wir kurz einen Blick auf die jeweiligen Stärken und Schwächen beider Modelle werfen.

## Intern versus extern – zwei komplementäre Modelle

Die Analyse zeigt eindeutig: Stärken und Schwächen interner und externer Beratungen sind komplementär.

Externe Beratungen können Cross-Industry-Expertise entwickeln und einbringen. Sie haben Vorteile im Aufspüren von Trends und in der Entwicklung neuartiger Konzepte. Sie können leichter Mitarbeiterinnen und Mitarbeiter mit geringerer Erfahrung integrieren und deren Kompetenz als Berater entwickeln. Sie skalieren einfacher in Bezug auf ihre Größe. Aus Sicht des Beraters oder Bewerbers bieten externe

Beratungen möglicherweise eine „steile Lernkurve" über ein breiteres Projektportfolio und schnellere − oder klarer strukturierte − Entwicklungsmöglichkeiten, besonders in den frühen Phasen einer Karriere.

Dies alles wird getragen durch vergleichsweise hohe Raten, teilweise extreme Anforderungen an den persönlichen Einsatz und ein häufig kompromissloses Up-or-Out-Prinzip.

Im Gegensatz zu den beschriebenen Stärken externer Beratungen können Inhouse-Beratungen in vielen Fällen eine deutlich größere „vertikale" Tiefe und Kompetenz entwickeln. Sie haben häufig stärkeren Praxisbezug und Umsetzungserfahrung. Als Teil des Unternehmens können sie vielfach effizienter arbeiten. Erworbenes Wissen bleibt im Haus und kann innerhalb des Unternehmens weiterentwickelt und angewandt werden. Aus Sicht des Mitarbeiters oder Bewerbers eröffnet die Inhouse-Beratung einen attraktiven Zugang zu Großunternehmen, zum raschen Aufbau unterschiedlicher Netzwerke und vielfältige langfristige Karriereperspektiven, zumeist außerhalb der Inhouse-Beratung.

Aufgrund verschiedener Faktoren arbeiten interne Beratungen im Vergleich zu externen meist kostengünstiger. Gleichzeitig müssen sie sich zumindest teilweise einfügen in die Personalentwicklungssysteme der jeweiligen Unternehmen − mit positiven wie negativen Konsequenzen.

Warum hat sich angesichts dieser Komplementarität das eingangs angesprochene neue Gleichgewicht nicht schon längst etabliert? Ein Grund dürfte darin liegen, dass die Stärken externer Beratungen in der Vergangenheit relevanter waren als die interner Beratungen, ein anderer ist eher kultureller Natur. Doch die Rahmenbedingungen haben sich verändert.

## Veränderte Rahmenbedingungen und ein neues Gleichgewicht

Betrachten wir die aktuelle Situation, so zeigt sich: Die Stärken externer Beratungen werden weniger exklusiv, während das Profil interner Beratungen an Relevanz gewinnt.

Nach wie vor ist Cross-Industry-Expertise in der Inhouse-Beratung etwas weniger leicht zu entwickeln als bei externen Beratern, ebenso wie das eigenständige Aufspüren und Ausarbeiten von Themen. Allerdings bieten gerade multinationale Konzerne eine große Vielfalt an Geschäftsfeldern und Projekten, die — bei einem geeigneten Projektportfolio — auch den Inhouse-Beratern die notwendige Perspektivenvielfalt geben. Dies bedingt auch eine entsprechende Attraktivität für Mitarbeiter und Bewerber, gerade für High Potentials und Potentialkandidaten. Dazu kommt, dass die — gewollt — hohe Fluktuation (zumeist in Richtung einer Karriere im Haus) und die entsprechende Nachbesetzung mit erfahrenen, vormals externen Beraterinnen und Beratern zu einem stetigen Fluss von übergreifender Expertise und Kompetenz in Richtung der internen Beratung führt, wenn man sie entsprechend orchestriert.

Was Organisation von Beratung, Ausbildung und Qualität betrifft, so sind ebenfalls Unternehmen selbst mehr und mehr in der Lage, ein vergleichbares Niveau zu bieten. Nicht zuletzt, weil eine Vielzahl von Beratern auf allen Ebenen ihren Platz in den Unternehmen gefunden hat.

Nicht neu, aber viel stärker ausgeprägt als früher ist die enge Verknüpfung zwischen konzeptioneller Arbeit und Umsetzung. In einer Zeit, in der das traditionelle Wasserfallmodell in allen Bereichen, von der Produktentwicklung bis zur IT-Implementierung, abgelöst wird durch agile Herangehensweisen, gehen Konzept, Umsetzung und Change Management fließend und zyklisch ineinander über. Häufig erweisen sich dabei letztere als die größeren Herausforderungen — gerade dann, wenn Konzepte adaptiv in verschiedenen Bereichen eines Unternehmens umgesetzt werden sollen und wenn nachhaltige Implementierung mindestens genauso wichtig ist wie konzeptionelle Klarheit, weil der rasche nahtlose Übergang von Projekten in die tägliche Praxis zum entscheidenden Erfolgsfaktor wird.

Hier kann das Inhouse-Modell seine Stärken voll ausspielen und dabei auch in Bereiche vordringen, die vorher zwar von traditionellen Beratern besetzt waren, in denen diese aber nicht zwingend besondere Vorteile besitzen.

Dazu kommt, dass die Sicherung intellektuellen Eigentums zunehmende Bedeutung gewinnt. Steigender Kostendruck und ein starker Trend zu projekthaften, temporären Organisationsformen, die durch eine interne Beratung geradezu optimal abgebildet werden können, befördern die Entwicklung weiter.

Zu alldem kommt schließlich die Tatsache, dass ein zunehmender Teil der „Generation Y" — und das betrifft auch und gerade die High Potentials — ein neues, gleichzeitig fließendes wie flexibleres Gleichgewicht zwischen herausfordernden beruflichen Aufgaben und der Gestaltung ihres außerberuflichen Lebens sucht.

## Kooperationsmodelle im neuen Gleichgewicht

Das neue Gleichgewicht erfordert neue Formen der Kooperation. Welche Form ist für die jeweilige Situation oder das jeweilige Unternehmen die optimale? Die Antwort hängt von der Ausgangssituation und den strategischen Zielsetzungen ab.

### (Friedliche) Aufgabenteilung

Im Modell der Aufgabenteilung grenzen sich Inhouse und externe Beratung gemäß ihrer komplementären Stärken voneinander ab und teilen die Arbeit entsprechend. Dies kann zum Beispiel bedeuten, dass externe Berater im Rahmen eines Mergers die frühen Phasen verantworten, während die Verantwortung für die Umsetzung nach kurzer Zeit auf die interne Beratung übergeht. Aufgabenteilung kann auch bedeuten, dass der externe Berater die Pilotierung von Konzepten übernimmt, während die Inhouse-Beratung federführend für die Adaption der Ergebnisse und den Roll-Out in anderen Teilen des Unternehmens wird. Oder umgekehrt.

Diese Art der Aufgabenteilung kann Projekt für Projekt und auch mit wechselnden externen Partnern umgesetzt werden. Entscheidend für ihren Erfolg ist a) ein gutes Verständnis der jeweiligen Profile, b) ein eindeutiges Bekenntnis beider Seiten zur Federführerschaft bzw. zum Verantwortungsübergang in den jeweiligen Kompetenzbereichen oder Projektphasen und c) ein reibungsloser Know-how-Transfer.

Nicht selten ergibt sich eine Differenzierung bereits durch den Kosten- oder Preispunkt der internen und externen Beratung.

Überlappen sich die Kompetenzprofile interner und externer Berater, so treten sie mehr oder weniger automatisch in Wettbewerb zueinander. In der Praxis ist dieses Modell nicht disjunkt vom oben beschriebenen Modell der friedlichen Aufgabenteilung. Je nachdem, wie sich die interne Beratung definiert — eher strategisch oder umsetzungsorientiert —, tritt die Überlappung auf der einen oder anderen Seite des Spektrums auf.

So stellt sich in jedem Fall die Frage nach der Organisation dieses Wettbewerbs. Im einen Extremfall ist der Wettbewerb frei. Der interne Kunde hat die uneingeschränkte Wahl zwischen interner und externer Beratung. Die wesentlichen Auswahlkriterien sind Wahrscheinlichkeit und Qualität des Projekterfolgs sowie der Preis. Der entsprechende Auswahlprozess erfolgt in Form von Ausschreibungen, an denen interne wie externe Berater mit gleichen Pflichten und Rechten teilnehmen.

Mit dieser Form des Wettbewerbs wird beinahe automatisch sichergestellt, dass die interne Beratung ein optimiertes Verhältnis von Kompetenz, Qualität und Preis erzielt und behält. Nachteilig dagegen ist, dass die Effizienz (in Form der Auslastung) der internen Beratung durch die in diesem Modell nachhaltig erforderlichen Pitching- und Business-Development-Aktivitäten beeinträchtigt wird. Einschränkend kann dieser freie Wettbewerb auch wirken in Phasen des Auf- oder Ausbaus der internen Beratung, in denen diese erst eine hinreichende Reputation besonders im Hinblick auf Projekterfolg und Beratungsqualität aufbauen muss. Gegebenenfalls führt Wettbewerb auch zu einem ungewollt opportunistischen Verhalten der internen Beratung dahingehend, sich in einer speziellen Nische, zum Beispiel ausschließlich in der Umsetzung, zu etablieren und nicht die vollen strategischen Möglichkeiten auszuschöpfen, die das Inhouse Consulting bietet.

Nicht nur in solchen Fällen kommen eingeschränktere Formen des Wettbewerbs zum Tragen. Sie reichen von einem „Recht des letzten Gebots" bis zum Kontrahierungszzwang gegenüber der internen Beratung, gegebenenfalls fokussiert auf spezielle Projektprofile. Natürlich bergen derart abgemilderte Formen des Wettbewerbs ein Risiko indem sie — je nach Gestaltung — Druck von der Inhouse-Beratung nehmen, sowohl in der Angebotsphase als auch im Projekt auf gleichem Niveau zu arbeiten wie externe Berater. Andererseits können sie gerade in Phasen des Aufbaus oder der strategischen Neuausrichtung das Veränderungsmanagement positiv unterstützen, ebenso wie den langfristigen Erhalt eines spezifischen Profils.

## (Strategische) Partnerschaft

Über das Modell der (friedlichen) Aufgabenteilung hinaus geht das Konzept dedizierter oder strategischer Partnerschaften. Hier streben die interne Beratung und der externe Partner eine gemeinschaftliche und besondere Value Proposition an.

Im oben angesprochenen Beispiel des Mergers hieße das, dass von der frühen konzeptionellen Phase bis hin zur Umsetzung und dem Übergang in die Linie alles „aus einer Hand" geliefert wird. Für den Kunden wird es irrelevant, welche Teile oder Phasen des Projekts stärker vom externen Berater unterstützt werden und wo die internen Berater eher ihre Kompetenz in die Waagschale werfen. Auch Aktivitäten wie Projektsteuerung oder Qualitätsmanagement werden vom gemeinsamen Team transparent für den Kunden übernommen und natürlich liegt die „blended rate" deutlich unter der eines klassischen Strategieberaters: One-stop-shopping.

Für die Berater ist das Modell attraktiv. Die internen profitieren von den Methoden und der Expertise der externen und umgekehrt. Zugleich verschafft das gemeinsame Angebot beiden Seiten Vorteile im Wettbewerb. Aber ist das gemeinsame Angebot wirklich überlegen gegenüber einer „friedlichen" aber klaren Aufgabenteilung?

Dem Vorteil der Lieferung „aus einer Hand" steht der Nachteil gegenüber, dass die Wahlmöglichkeiten aus der Sicht des Kunden eingeschränkt werden. Hat er im geteilten Modell die Wahl zwischen einer Kombination aus — sagen wir — drei eher strategisch orientierten Beratungen und drei Beratungen, die ihre Stärken eher im Bereich der Transformation haben (die Inhouse-Beratung kann sich in einem von beiden Feldern finden), also insgesamt zwischen neun verschiedenen Varianten, so reduziert sich der Optionsraum im kombinierten Modell deutlich.

Mit einer gemischten Rate-Card landet man potentiell im — für den Kunden — unbekannten Terrain zwischen Strategie und Umsetzung, und auch das integrierte Management von Teams mit einem extrem breiten Spektrum an Erfahrungen und Erwartungen ist nicht zwingend überlegen gegenüber einem Modell mit klaren Verantwortlich-keiten und Schnittstellen.

Tatsächlich fehlt bisher auch in rein externen Beratungen ein erfolgrei-ches Beispiel, wo es gelungen ist, eine herausragende Position über ein derart breites Kompetenzspektrum zu entwickeln, obwohl der Bedarf angesichts der immer stärkeren Verzahnung über diese Bereiche hin-weg evident ist.

Leichter als in dieser grundsätzlichen Betrachtung lässt sich der Wert einer engen Kooperation in bestimmten Situationen definieren und vertreten, beispielsweise wenn ein externer Partner den Aufbau der Inhouse-Beratung unterstützt, oder in Projekten, in denen die jeweils andere Seite sich durch spezielle Kompetenz auszeichnet, z.B. Exper-tise bezüglich Märkten, Regionen, Industrien, Technologien oder besonderer Beratungsschwerpunkte.

## Culture eats intentions

An dieser Stelle wird es Zeit, sich dem zweiten Grund dafür zuzuwen-den, dass es so lange gedauert hat, ein neues Gleichgewicht zwischen internen und externen Beratungen zu etablieren. Er ist auch im Hin-blick auf Kooperationsmodelle äußerst relevant: kulturelle Unter-schiede.

Der entscheidende Punkt in dieser Hinsicht sind nicht — wie ober-flächlich vielleicht anzunehmen — Unterschiede im Hinblick auf (Zeit-)Einsatz oder Personalentwicklung. Diese Unterschiede erfordern zwar Aufmerksamkeit in der Gestaltung einer Zusammenarbeit, sie sind aber entweder gering ausgeprägt oder in der Praxis überbrückbar.

Entscheidender erscheint vielmehr die Einstellung zum oder gegen-über dem Kunden — und damit auch zum Wettbewerb im Berater-markt. Inhouse-Berater kennen in der Regel nur einen Kunden und ein Ziel: das Unternehmen zu dem sie gehören. Externe Berater dagegen pflegen und erhalten zwar ebenfalls häufig exzellente Kundenbezie-hungen, auch unabhängig von Schwankungen in ihrem Projektport-folio, dennoch haben sie ein intrinsisches Interesse, ihre Beratung als Produkt aktiv im Markt zu platzieren, und zwar *gegen* ihre Wettbewer-ber.

Auf der einen Seite schafft dieses aktive Agieren im Wettbewerb einen durchaus positiven Druck, sich und seine Leistung zu positionieren, der — bei aller inhaltlicher Komplementarität — in der Inhouse-Beratung weniger stark ausgeprägt war. Andererseits birgt diese Kultur des Wettbewerbs Risiken für eine erfolgreiche und über die spezifische Projektarbeit hinaus gehende Kooperation zwischen internen und externen Beratungen, nicht zuletzt weil — langfristig betrachtet — auch interne und externe Beratungen im Wettbewerb zueinander stehen.

Dabei geht es nicht primär um konzeptionell unterschiedliche Auffassungen bezüglich der Kooperation oder um Widerstände in der individuellen Interaktion, sondern vielmehr um eine langfristig entwickelte Prägung, die sich erst langsam an das neue Gleichgewicht anpassen wird.

## Die Suche nach dem richtigen Weg

Dass sich dieses Gleichgewicht zwischen Inhouse- und externen Beratungen etabliert, scheint unumgänglich. Ein gesundes Maß an Wettbewerb, auch zwischen diesen Säulen, sollte Bestandteil dieses Gleichgewichts sein, um auf der einen Seite die hohe Qualität der Leistung sicherzustellen, auf der anderen Seite auch, um die Ziele, die mit dem Auf- oder Ausbau der Inhouse-Beratung verfolgt werden, zu erreichen.

Umgekehrt sind aber Kooperationsmodelle aufgrund unterschiedlicher Kompetenzschwerpunkte ebenfalls notwendig und angesichts der immer stärker werdenden Verzahnung innerhalb von Projekten unumgänglich. Die wesentliche Frage lautet daher, *wie* diese Kooperationen zu gestalten sind. Hier reicht das Spektrum von einem sehr losen Projekt-für-Projekt-Ansatz bis hin zu mehr oder weniger exklusiven, langfristig orientierten Partnerschaften.

Entscheidende Fragen, die zu beantworten sind, wenn dieses „wie" gestaltet wird, sind:
— Was ist das (langfristige) Zielprofil meiner Inhouse-Beratung, einschließlich der Frage nach der angestrebten Balance zwischen Inhouse- und externer Beratung ?
— Auf welcher Entwicklungsstufe befindet sich meine Inhouse-Beratung, und welche Form der Partnerschaft unterstützt die Entwicklung in Richtung des Zielprofils?

— Welcher Mehrwert soll im jeweiligen Kooperationsmodell erzielt werden, und wie kann dieser Mehrwert deutlich gemacht werden?
— Wie wird der „Cultural Fit" zwischen Inhouse- und externer Beratung sichergestellt? — Nicht nur in der unmittelbaren Zusammenarbeit zwischen den jeweiligen Beratungspartnern, sondern auch hinsichtlich der Frage, ob und wie sich eine Kooperation in den Kontext des Gesamtunternehmens einfügt.

Die Antworten sind nur unternehmensspezifisch zu geben, aber sie können kritisch sein für den Erfolg der Inhouse-Beratung. Nicht weniger kritisch sind sie für den langfristigen Erfolg und die Arbeitsweise externer Beratungen, definieren sie doch das neue Gleichgewicht im Beratungsmarkt.

# Unser größter Wettbewerber ist der Kunde

Von Burkhard Schwenker und Torsten Oltmanns, Roland Berger Strategy Consultants

*Eine ungewisse Welt mit instabilen Planungshorizonten stellt neue Herausforderungen an Strategie und an die Strategieberatung selbst. Das führt zu neuen Chancen – auch für Kooperationen zwischen Beratern und Inhouse-Consultants. Eine Replik auf Gerhard Hastreiter.*

Über Zukunft und Perspektiven der Strategieberatung ist in der letzten Zeit viel diskutiert worden. Die vorherrschende Meinung scheint eindeutig: Strategie sei immer mehr zu einer „Commodity" geworden, das seine Einzigartigkeit verloren habe, für das keine Premiumpreise mehr gezahlt würden und das mehr und mehr in die Rolle einer „verlängerten Werkbank" gedrängt werde ; nicht zuletzt weil strategische Instrumente heute an jeder Business School gelehrt und damit Allgemeingut geworden wären, weil sich Strategie immer industriespezifischer entwickeln würde und deswegen übergreifendes funktionales Know-how nicht mehr wichtig sei, weil Daten und Analysen heute über das Internet an jeder Ecke verfügbar sind. Mit der Konsequenz, dass der Erfolg globaler Beratungsunternehmen heute vor allem von Skaleneffekten abhinge, von der Verfügbarkeit großer (und billiger) Teams. Intellektueller Input, wenn überhaupt, sei allenfalls noch bei Fragen der Umsetzung und der Steuerung großer Transformationsvorhaben gefragt.

Die aktuellen Entwicklungen in der Beraterbranche scheinen diese Meinung zu bestätigen: Große Strategieberater werden immer operativer, das eigentliche Strategiesegment immer kleiner. Die großen Wirtschaftsprüfungsgesellschaften versuchen, den Strategiebereich durch Übernahmen weiter zu erodieren, Spezialisten graben an den Rändern, und Inhouse-Consultants entwickeln sich immer stärker zu ernstzunehmenden Wettbewerbern.

Dieses vermeintlich plausible Bild lässt sich aber auch anders zeichnen, denn die Annahme, es ginge nur noch um operative Exzellenz, schnelle Umsetzung und Transformation ist falsch. Weder der abrupte Atomausstieg in Deutschland, die rasante Entwicklung digitaler Geschäftsmodelle, der Ölpreisverfall noch die Ukraine-Krise waren vorhersehbar — und fordern jetzt die Strategie vieler Unternehmen radikal heraus. Bleibt der Ölpreis so niedrig, oder steigt er genauso überraschend wieder an? Überholt uns das Silicon Valley durch die Digitalisierung, oder können wir noch auf industrielle Kompetenz setzen? Gibt es eine schnelle Einigung mit Russland, oder bleibt der russische Markt noch lange versperrt? Oder kommt es sogar zu einer Allianz zwischen Russland und China? Und wo entsteht der nächste geopolitische Konflikt, der globale Warenströme unterbricht? Wenn wir ehrlich sind, wissen wir nicht mehr, was passiert und wann es passiert.

Die Vielfalt an abrupt auftretenden neuen Szenarien hat noch einmal zugenommen. Wir sind heute mit Ungewissheit konfrontiert; die Fiktion vermeintlicher Sicherheit für unternehmerische Entscheidungen hat sich ein für alle Mal erledigt. Joachim Ringelnatz hat es treffend formuliert: „Sicher ist, das nichts sicher ist. Nicht einmal das!" Um Ungewissheit zu antizipieren und auf sie zu reagieren, reicht weder ein klassischer Führungs- oder Strategieprozess noch industriespezifisches Know-how.

## Strategieberatung ist kein Gebrauchsgut – und wird auch nie eines werden!

Zwar stimmt alles, was Gerhard Hastreiter über die Beratungsbranche schreibt: Es gibt neue Wettbewerber, unsere Honorare stehen unter Druck, und das Einkaufsverhalten unserer Klienten hat sich verändert. Aber eines stimmt auch: Es war nie so schwierig wie heute, ein Unternehmen zu führen. Weil die Welt mitnichten „flat" ist, sondern immer unterschiedlicher wird, weil Regulierung die Rahmenbedingungen verändert, weil Entwicklungen volatiler, technologische Sprünge dynamischer und globale Verwicklungen komplexer werden. Kurz: Weil Ungewissheit unser unternehmerisches Handeln bestimmt.

Der Umgang mit Ungewissheit ist nicht einfach. Er setzt Reflexionsvermögen voraus, die Fähigkeit, Frühwarnsignale zu verstehen, die Bereitschaft, interdisziplinär zu denken. Und vor allem geht es um Mut und um Überzeugungen. Immer nur dem Mainstream zu folgen, auf Moden (sei es auf Märkten, in der Führung oder bei strategischen Stoßrichtungen) zu setzen und Trends nachzulaufen, greift heute zu kurz. Was vielmehr zählt ist die (intellektuelle) Vorstellungskraft über mögliche Zukünfte und die Fähigkeit, sie überzeugend zu kommunizieren.

Zurück zu unseren Wurzeln Wenn unsere Analyse richtig ist, wird auch Strategieberatung wieder wichtig und etwas Besonderes. Gute

Strategieberater kehren zu ihren Wurzeln zurück, als sie neue, werttreibende Expertise, die die Manager selbst nicht hatten, in die Unternehmen brachte. Damals ging es um State-of-the-Art-Organisationsmodelle oder um überlegene strategische Stoßrichtungen. Heute geht es darum, in ungewissen Lagen guten Rat zu geben, gemeinsam Zukunftsbilder zu entwickeln und zu antizipieren, wie man reagiert, wenn es anders kommen sollte. Die Analyse von Zahlen, Daten und Fakten bleibt natürlich wichtig — aber wenn Trends immer schneller brechen und Prognosen nicht mehr verlässlich sind, helfen unsere klassischen Instrumente nur bedingt weiter. Mit anderen Worten: Was nutzt die analytische Eleganz einer CAPM-Analyse, wenn die Zeitreihe der zukünftigen Cash Flows immer ungewisser wird? Welche Aussagekraft haben Porters Five Forces, wenn die Branchengrenzen verwischen? Wie analysieren wir den Wettbewerb, wenn wir nicht mehr wissen, wer die Wettbewerber sein werden?

Wenn wir die Unsicherheit ernstnehmen, reicht es also nicht, unsere Strategieprozesse um neue Szenarien zu erweitern. Wenn Entwicklungen unvorhersehbar sind und auf multiplen Ebenen jederzeit plötzlich eintreten können, brauchen wir eine sehr viel breiter gefasste, kreativere und interdisziplinäre Analyse. „Die wahre Herausforderung beim Anfertigen von Strategien liegt im Erspüren von subtilen Brüchen, die ein Unternehmen in Zukunft untergraben können", schreibt Henry Mintzberg. „Dafür gibt es keine Technik, kein Programm, nur einen scharfen Verstand mit Gespür für die Situation". Konkrete Wettbewerbsstrategien bleiben wichtig, aber es sind Fähigkeiten, Strukturen und Vernetzungen, die zunehmend entscheiden, ob ein Unternehmen rapide Veränderungen antizipieren und auf sie reagieren kann. Strategieentwicklung ist keine Planungsübung mehr und liefert kein abgeschlossenes Ergebnis, sondern wird zu einem eng mit den Geschehnissen verknüpften, interdisziplinären und iterativen Prozess.

## Unsicherheit erfordert neue Strategien und Strategieprozesse auch bei uns

Auch wir müssen unser Instrumentarium und unsere Prozesse überdenken. Für uns gelten die Anforderungen, die wir für Top-Manager ausgemacht habe, umso mehr: Mut zu einer Meinung, Überzeugungen haben, breit und über Industriegrenzen hinaus denken, mehr Seniorität und Erfahrung in unsere Projekte einbringen. Aber nicht mit dem Nimbus des Expertenwissens oder der Allmacht des Strategen, mit dem Berater in der Vergangenheit zu oft aufgetreten sind. Das nimmt uns – zu Recht – keiner mehr ab. Wir sind dabei, uns viel stärker als früher zu vernetzen: mit Think-Tanks und NGOs, mit geo-politischen Experten, mit Technologie-Startups und Inkubatoren, mit Expertise weit über unsere Branche hinaus. Das sind keine losen Verbindungen, sondern belastbare, eitelkeitsfreie Netzwerke und Öko-Systeme, die uns und unseren Klienten Zugang zu neuen Ideen, neuen Tools, neuer Technologie, neuen Business-Modellen und neuem Know-how schaffen.

Folgendes baut auf unsere ureigenen Stärken: unser breiter Horizont, das heterogene Skill-Set, das kumulierte Know-how aus Prozessen, Branchen und unzähligen Projekten. Schon früher waren wir vernetzt, seit langem schon haben wir ein Research, das gleichermaßen Think-Tank wie Recherchedienstleister ist. Aber nun kommt noch einmal neue Tiefe und Breite dazu und neue Partner. Und einer dieser neuen Netzwerkpartner kann das Inhouse-Consulting sein – wenn wir die Partnerschaft richtig aufsetzen und beide Seiten sie wirklich wollen.

## Der größte Wettbewerber der Berater war schon immer der Kunde

Für die Beratungsbranche ist die zunehmende Popularität von Inhouse Consulting nicht neu. Unser größter Wettbewerber war schon immer der Kunde. Er entscheidet, ob er ein Projekt selbst durchführt oder mit Hilfe von Beratern, er entscheidet, ob er selbst Kapazitäten im Strategiebereich, für Organisation oder Change-Management vorhält oder bei Bedarf flexibel zukauft. Und er entscheidet, ob sich für ihn der Aufbau einer professionellen eigenen (Inhouse) Beratung lohnt – finanziell wie inhaltlich.

Dass der Einsatz von Inhouse Consulting eindeutige Vorteile haben kann, hat Gerhard Hastreiter eindrücklich aufgezeigt: Die internen Berater kennen das Unternehmen und seinen Markt bestens, sprechen die Sprache des Unternehmens, kennen operative Problemfelder zum Teil aus eigenem Erleben, wissen um Barrieren und haben geringere Kosten (auch wenn das sehr stark von der internen Kalkulation abhängt).

Doch gerade bei der Bewältigung von Ungewissheit stoßen sie nicht nur oft an ihre Grenzen, ihre Einsätze bergen auch gewisse Risiken.

Der Inhouse-Berater hat die Brille des Unternehmens auf, auch der Beratungsprozess steckt oft im Korsett der Organisation. Es gibt einen Binnenblick, es gibt Grenzen des Denkens sowohl innerhalb des Unternehmens wie auch über die Branche hinaus, die auch das beste Recruiting von außen nicht komplett überwinden kann. Bei operativen Projekten ist das nicht immer ein Problem. Wenn aber — als Beispiel — das Wegfallen von Branchengrenzen ein zentraler Bestandteil der neuen Ungewissheit ist, wird das Tragen einer Unternehmensbrille möglicherweise zur Gefahr. Hinzu kommt ein altes, keineswegs gelöstes Problem: Wer kann die wirklich unangenehmen Fragen stellen und gegebenenfalls auch unbequeme Lösungen präsentieren? Und wann wird, möglicherweise aus Korpsgeist, der eine Kompromiss zu viel gemacht, der eine gute Strategie zu einer schlechten macht?

Wenn wir Recht behalten mit unserer Überzeugung einer Renaissance der Strategie, wird auch die intellektuelle Leistung guter Strategieberatung wieder aufgewertet. Und gleichzeitig bleibt Umsetzungskompetenz wichtig, denn die Ungewissheit treibt eine weitere Entwicklung voran: Konnten wir früher in Ruhe Strategien entwickeln und bewerten, dann über sie entscheiden und dann umsetzen, müssen die Prozesse heute verzahnt werden. Heute kommt es darauf an, die Umsetzung einzuleiten, bevor alles detailliert werden kann, heute ist es entscheidend, auch innerhalb einer Umsetzung zu adjustieren und anzupassen, um neue Entwicklungen einfließen zu lassen. Damit ist beides wichtig: Eine kreative Strategie, die kraftvoll auf Ungewissheit reagiert, und eine sensible Umsetzung, die das Unternehmen mitnimmt und flexibel ist. Und damit spricht vieles für eine enge Kooperation zwischen Strategie- und Inhouse-Beratern.

## Wie alle Beteiligten zu Gewinnern werden

Welche Kooperationsformen zwischen Strategieberatern und Inhouse Consultants möglich und denkbar sind, hat Gerhard Hastreiter in seinem Beitrag schlüssig aufgezeigt. Natürlich ist es möglich — und gängige Praxis —, fallweise zusammenzuarbeiten, entweder explizit in einem gemischten Team oder implizit mit bestimmten Aufgabenschwerpunkten. Und natürlich können Kooperationen für bestimmte Themenbereiche geschlossen werden. Aber wenn es wirklich darum geht, die Vorteile beider Organisationsformen zu verbinden und eine gemeinsame, kraftvolle Antwort auf Ungewissheit zu finden, braucht es unseres Erachtens ein echtes Commitment auf beiden Seiten: Für eine bestimmte Zeit so zusammen zu arbeiten, als sei man ein Team, eine Gesellschaft.

Denn nur dann wird es gelingen, Vorurteile und Skepsis auf beiden Seiten abzubauen, Know-how und Fähigkeiten zusammenzubringen, gemeinsam zu trainieren, neue Ansätze zu entwickeln, in Forschung und Entwicklung zu investieren, einen gemeinsamen Spirit aufzubauen. Und vor allem gemeinsam und ohne Eitelkeiten die besten Lösungen für das Unternehmen – also den gemeinsamen Klienten – zu entwickeln. Dieses Commitment ist durchaus heikel – für das Unternehmen, denn es bindet sich bzw. seine Inhouse-Beratung an einen Berater, aber auch für den Berater, denn wenn es gut läuft, steht am Ende der Kooperation ein neuer, sehr gut trainierter Wettbewerber, der keine Hilfe mehr braucht. Deswegen müssen die Bedingungen für eine solche Kooperation, die (fast) ein Joint Venture ist, von Anfang an klar definiert sein: Mit welcher Rate-Card tritt man an, wie ist das Wettbewerbsumfeld definiert, wer zahlt Training und Entwicklung, wie wird abgerechnet und wie wird Erfolg am Ende der Kooperation bewertet?

Ob eine Kooperation am Ende für beide Partner sinnvoll ist, kann nur im Einzelfall und anhand der obigen Fragen geklärt werden, Patentlösungen gibt es sicher nicht. Aber angesichts der neuen Herausforderungen an gute Beratung lohnt es sich, sich auf den Weg zu machen und die Bedingungen zu diskutieren – und echte Kooperationen auszuprobieren.

*Unternehmerische Partnerschaften zwischen Beratungen und Industrie*

# The Retail Performance Company –
# Joint Venture auf Augenhöhe

Autoren: Dr. Rainer Feurer und Rainer Hoffmann
Co-Autoren: Axel Pannes und Michael Santo

Anfang des Jahres 2013 fällte die BMW Group eine strategische Entscheidung. Es ging um das Gebiet der Retail-Steuerung und damit auch um die weltweit rund 3600 Händler des Münchner Automobilherstellers. Ziel des Vorhabens: Das Unternehmen wollte das Thema „Retail-Performance-Programme", also die Beratung, Betreuung und Optimierung des Händlervertriebs, nicht mehr wie bisher fallweise nach außen vergeben, immer mit dem Risiko verbunden, dass Know-how abfließt und Exklusivitätsrechte verletzt werden. Deswegen suchte die BMW Group eine agile, eigenständige Organisation, an welcher der Konzern nur beteiligt sein würde. Sie sollte klare Standards entwickeln und erfüllen - und zwar international und langfristig. Sie sollte stark sein in der Konzeption, aber auch in der Umsetzung der entwickelten Maßnahmen.

In einem mehrstufigen Verfahren wurde nach einer mittelgroßen Beratungsfirma gesucht, die als Partner für diese Organisation in Frage käme. Die ganz großen Beratungsfirmen oder Trainingsagenturen fielen aus, da sie sich nicht so eng an einen einzelnen Automobilhersteller hätten binden können. Ganz kleine Berater hätten Investment und Manpower kaum stemmen können und vielleicht auch nicht das nötige Vertriebs-Know-how mitgebracht. Dass die Wahl auf h&z in München fiel (gegründet 1997, 120 Mitarbeiter, 30 Millionen Euro Umsatz) lag dabei nicht nur an dem hier versammelten methodischen Wissen und der großen Erfahrung mit professionellem Training und Beratung.

Ein weiterer Vorteil war, dass h&z aus einer ehemaligen Siemens-Inhouse-Beratung hervorgegangen war und sozusagen „Konzern konnte". Wie so ein Gebilde funktioniert und wie man sich klug an Schnittstellen andockt, wussten die Berater bereits. Hinzu kommen wichtige Parallelen im Führungsstil, der auf beiden Seiten von Offenheit und partnerschaftlicher Zusammenarbeit geprägt ist. Einigkeit herrscht außerdem bei den Vorstellungen zu Wachstum und Gewinnströmen.

Auf dieser Basis wurde ein Joint-Venture (JV) mit Sitz in München gegründet, an dem sich beide Seiten je zur Hälfte beteiligten. Das JV, getauft auf den Namen rpc für The Retail Performance Company, fungiert für die BMW Group als Dienstleister auf drei verschiedenen Ebenen: in der Konzernzentrale, bei den nationalen Vertriebsgesellschaften in aller Welt und bei den Händlern vor Ort.

Das JV bietet mehr als nur Beratung zu klugen Vertriebsstrategien. Es bietet außerdem Coaching und Training zu unterschiedlichsten Zwecken: die Schulung von Händlern bei der weiteren Besetzung von Wachstumsmärkten wie in China oder zur Optimierung ihrer Kundenkontakte wie in den USA genauso wie Lehrgänge zur Einführung neuer Produkte und zur Erhöhung der Kundenzufriedenheit in Showroom und Werkstatt. Hinzu kommen Human Resources, also Personaldienstleistungen für BMW-Händler.

## Weitere Kunden gewinnen

Gut zwei Jahre nach dem Start hat rpc acht Büros weltweit aufgebaut und das Personal auf über 150 Mitarbeiter erhöht. Der Umsatz spurtete auf über 15 Millionen Euro, Tendenz weiter steigend, und im vergangenen Herbst wurde die Gewinnschwelle überschritten — früher als im Business-Plan vorgesehen. Und die Entwicklung in 2015 ist weiterhin sehr positiv.

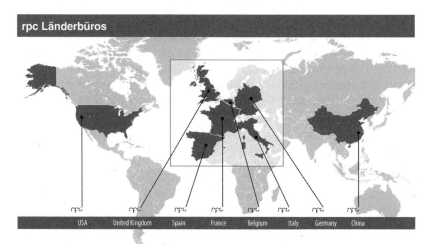

rpc Länderbüros

USA | United Kingdom | Spain | France | Belgium | Italy | Germany | China

Eine zweiköpfige Geschäftsführung und ein paritätisch besetzter Beirat mit jährlich rotierendem Vorsitz lenken und kontrollieren das JV. Dieses bietet seine Leistungen dem BMW-Konzern anhand eines Rahmenvertrags an, stellt sich aber auch regelmäßig in Ausschreibungen dem Wettbewerb. Gleichzeitig hat das Gemeinschaftsunternehmen den Auftrag, auch andere Kunden zu gewinnen: Unternehmen mit starken Marken und anspruchsvollen Produkten - natürlich außerhalb der Automobilindustrie. Mit einem renommierten Landmaschinenkonzern und einem international agierenden Hausgerätehersteller hat rpc bereits zwei hochkarätige Kunden im Boot.

Das zeigt die Vorteile der Zusammenarbeit für h&z. Die Beratungsgesellschaft kann mit rpc Know-how sammeln, um es später in anderen Geschäftsfeldern zu nutzen. Die Beteiligung an dem JV verstetigt außerdem das in anderen Bereichen zyklische Geschäft der Beratung. Die starke Marke BMW strahlt ab auf die Marke h&z und die erfolgreiche Zusammenarbeit erhöht auf lange Sicht ihre Glaubwürdigkeit im Autosegment.

Und die Vorteile für die BMW Group? Der Autohersteller hat mit seiner Beteiligung an rpc in einer eigenständigen Gesellschaft gebündelt, was nicht zu seiner Kernkompetenz gehört. Trotzdem ist das Know-how des Konzerns sicher. Er kann sich auf Dienstleistungen mit hohem Qualitätsstandard verlassen und hat jederzeit einen Pool von Experten für Retail-Steuerung zur Hand. Durch den ganzheitlichen Ansatz von rpc kann die BMW Group Regionen individuell betreuen, trotzdem Synergieeffekte erzielen und sich eines ehrlichen Feedbacks aus den Märkten sicher sein. Wegen des engen Zusammenspiels mit rpc fallen Auftragsvergabe und -abwicklung leichter, es gibt weniger Schnittstellen, und die Daten sind auf allen Seiten verfügbar. Die Öffnung der rpc für Kunden in anderen Industrien mit anderen Fragestellungen und Ideen verspricht positive Rückkopplungseffekte auf den BMW-Vertrieb und hält das JV wettbewerbsfähig.

## Es passt zusammen

Beide Seiten profitieren von der Zusammenarbeit, die Unternehmenskulturen haben viele Anknüpfungspunkte - so funktioniert eine Partnerschaft zwischen Weltkonzern und vergleichsweise kleiner Beratungsagentur. Der Berater hat nicht nur Respekt vor dem erfolgreichen Autokonzern, der Konzern hat auch Respekt vor der Agilität und Kosteneffizienz des beratenden Dienstleisters. Dass die rpc-Beteiligung bei BMW direkt unter dem Vertriebsvorstand aufgehängt ist und dass der für die Vertriebsstrategie verantwortliche Top-Manager bei rpc im Beirat sitzt, verdeutlicht die Bedeutung des Joint-Ventures für den Konzern und garantiert verlässlichen Zugang zu den Entscheidern.

Natürlich gehören auch Verträge dazu, 200 Seiten stark. Für eine Menge kritische Punkte wurde bei Entscheidungen Einstimmigkeit vereinbart und für die Anteile am JV unterschiedlichste Ausstiegsklauseln und Andienungsrechte festgelegt. Das gibt Klarheit und Sicherheit – braucht als Grundlage aber trotzdem den „cultural fit".

Die beiden Unternehmen messen Qualität, Performance und Kosten denselben Stellenwert zu. Beide Häuser haben eine starke Identität und Mitarbeiter, die sich deutlich mit der Firma identifizieren. Bei h&z arbeiten die Partner und alle Mitarbeiter unter ihrer Losung „Beratung mit Hirn, Herz und Hand": Nicht gnadenloser Wettkampf, nicht „grow or go" stehen im Vordergrund, sondern Individualität und Menschlichkeit. Deshalb liegt die Fluktuation auch deutlich niedriger als im Branchenschnitt des Beratungsgeschäfts.

Das JV, die rpc, entwickelt als sehr junges Unternehmen seine Identität ständig weiter. In kürzester Zeit zusammengeschweißt aus unterschiedlichsten Persönlichkeiten von überall her auf der Welt, entwickelt sich der Spirit Stück für Stück weiter.

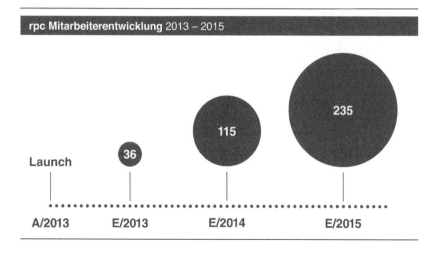

Die zweite Gruppenkonferenz in Saalfelden Ende 2014 war in diesem Punkt ein großer Schritt. Bei Teamarbeit und Sport entstand ein echtes Gemeinschaftsgefühl. Gemeinsam ist den Mitarbeitern ihre Affinität zu Autos und starken Marken sowie ihre Begeisterung für Retail, also für das Geschäft mit dem Endkunden. Wir sind auf dem Weg, auch aus rpc eine *Marke* zu machen, mit der man sich stolz identifiziert. Das wiederum gibt dem JV Stabilität und langfristige Perspektiven.

Weitere Herausforderungen liegen in den Trends des Automobilvertriebs ganz allgemein. Gerade eine starke Marke wie BMW geht vermehrt in eine digital gestützte Rundum-betreuung ihrer Kunden, schafft Verkaufspunkte im urbanen Milieu, kreiert Erlebniswelten überall auf der Welt. Das Händlernetz muss in diese Aktivitäten eingebunden werden, mit viel Fingerspitzengefühl, überzeugenden Events und guten Verkaufstrainings.

## Augenhöhe

Was gibt es zu lernen aus dem Fallbeispiel rpc? Sicher ist diese Beratung in Form eines Joint-Ventures in gewissem Sinne ein Exot — aber ein erfolgreicher. Es sind die passenden Partner zusammengekommen, sie haben das gleiche Investment und Commitment gezeigt und ein sehr gutes Konzept entwickelt. Die Relation zwischen sehr groß und eher klein ist austariert. Und zwar schon dadurch, dass sich beide Seiten so benehmen, als wären sie gleich groß — und sich deswegen auf Augenhöhe begegnen.

Dazu ein Beispiel: Es war an einem sonnigen Herbsttag, und wir waren zu sechst. Zwei Beiräte, zwei Geschäftsführer und zwei Manager des noch jungen Gemeinschaftsunternehmens — darunter die beiden Autoren. Vor den Toren Münchens hatten wir uns verabredet: Zu einem Fahrertraining mit den neuesten Modellen von BMW auf der hauseigenen Teststrecke.

Mal fuhr man zu zweit, mal alleine, mal war ein BMW-Manager am Steuer, mal ein Berater von h&z. Wir probten Bremsen, Beschleunigen, ließen uns durch riesige Pfützen rutschen und aus heiklen Kurven tragen. Natürlich haben uns die Autos begeistert, und wir hatten einen Heidenspaß. Aber es war auch ein symbolischer Moment: Niemand hatte die ganze Zeit das Steuer in der Hand, die Rollen von Fahrer und Beifahrer waren flexibel vergeben, wir waren Partner auf Augenhöhe.

So sieht auch die Zusammenarbeit rund um das Joint-Venture aus: Auch wenn der eine Partner ein Weltkonzern ist und der andere im Vergleich dazu ein kleinerer Neuling, dominiert doch keiner das Geschehen und keiner lässt sich ersticken. Das macht zukunftsfähig.

# Lumics – das Joint Venture zwischen Lufthansa Technik und McKinsey

Von Dr. Christian Langer, Geschäftsführer Lumics

## Ursprung

Die beiden Shareholder von Lumics sind weltweit bekannte Marken: Jeweils 50 Prozent der Anteile von Lumics gehören McKinsey & Company und der Lufthansa Technik AG. Erstere als globale Managementberatung mit über 100 Büros in mehr als 60 Ländern, zweitere als Weltmarktführer in der Wartung, Reparatur und Überholung von Flugzeugen gründeten im Oktober 2013 das Gemeinschaftsunternehmen. Was war die Motivation zu diesem für beide Unternehmen zunächst ungewöhnlichen Schritt?

Der Einsatz von schlanken Produktionstechniken begann bei Lufthansa Technik vor über zehn Jahren zunächst nicht in einem zentral gesteuerten Top-Down-Ansatz, sondern bottom-up in den sechs Geschäftsbereichen mit den jeweils produktspezifischen Anforderungen an die Prozessgestaltung. In dieser Zeit kamen unterschiedliche Beratungsunternehmen mit ihren Lösungsansätzen zum Einsatz und boten Lufthansa Technik die Gelegenheit, die Wirksamkeit der spezifischen Vorgehensweisen zu erfahren. Darauf aufbauend wurde im Jahr 2007 die zentrale Lean-Abteilung gegründet, die direkt an den Produktionsvorstand berichtet. Gemeinsam mit den dezentralen Lean-Teams der Geschäftsbereiche entwickelte sie das „Lufthansa Technik Lean Production System" und baute die „Lean Academy" zur internen Schulung von Mitarbeiterinnen und Mitarbeitern auf. Um nunmehr aus eigener Kraft, ohne externe Unterstützung, die Lean Implementierung im Unternehmen zu begleiten, wurden im zentralen Lean-Team interne Lean-Berater eingestellt. Durch die hohe Nachfrage nach Unterstützung zunächst aus der Lufthansa Technik selbst, dann auch aus den Schwestergesellschaften der Lufthansa Gruppe und schließlich anderer Fluggesellschaften aus dem Kundenkreis der Lufthansa Technik stellte sich die Frage nach einer stetigen Erweiterung der internen Zentralabteilung oder nach alternativen Möglichkeiten, den Bedarf an produktionsnaher Beratungskapazität zu decken. Nachdem Ende 2011 keine weitere Kapazitätserweiterung des internen Lean-Teams mehr sinnvoll möglich war, wurden die Möglichkeiten eines gemeinsamen Unternehmens mit einer etablierten Beratung überprüft. Neben diesem sehr konkreten Ziel der Verbreiterung der Ressourcenbasis für die Begleitung von Veränderung war und ist Lumics für Lufthansa Technik auch ein Instrument zur Entwicklung von eigenem operativem Führungspersonal. Leitend war dabei der inspirierende Eindruck, den ein einzelner Meister eines Automobilherstellers auf die Führungsmannschaft der Lufthansa Technik im Rahmen einer Konferenz gemacht hatte. Sein persönlicher Weg von radikaler Ablehnung der Veränderung in seinem eigenen Meisterbereich durch „diese japanischen Methoden", über die persönliche Lernerfahrung bis hin zu einem Botschafter der Veränderung, der andere Unternehmen dabei begleitet, hatte Vorbildcharakter für viele operative Führungskräfte bei Lufthansa Technik. Eigene Meister und Vorleute so zu entwickeln, dass sie ähnlich diesem Automobilmeister ihre Erfahrung bei der Einführung schlanker Produktionssysteme an andere weitergeben können und dabei gleichzeitig ihr eigenes Handlungsrepertoire für zukünftige Führungsaufgaben erweitern, ist seitdem ein Ideal der Lean-Kultur bei Lufthansa Technik. Lumics vereint für diesen Shareholder beides: die Möglichkeit zur Entwicklung eigener Mitarbeiter für einen Zeitraum von mehreren Jahren Erfahrungen in verschiedenen Branchen- und Kulturkontexten sowie ein erweitertes und diversifizierteres Team von Beratern zur Unterstützung von Veränderung im eigenen Haus.

Für McKinsey spielte die rein zahlenmäßige Erweiterung der Beratungsmannschaft keine Rolle bei der Begründung eines Engagements bei Lumics. Mit mehr als 9.500 Beratern und fast 2000 Research Professionals weltweit hat McKinsey jahrzehntelange Erfahrung in der Beratung von Unternehmen und Organisationen bei ihren spezifischen Herausforderungen. Die Ursprünge waren in der klassischen Strategieberatung, und in der öffentlichen Wahrnehmung ist McKinsey heute auch noch dort verankert, obwohl sich das Projektportfolio deutlich verändert hat und Strategieprojekte nur noch ca. 25 Prozent des Gesamtvolumens ausmachen. Unter anderem ist die nachhaltige Implementierung von Veränderungen stärker in den Fokus gerückt. Neben dem themenspezifischen Aufbau von Methodenwissen, beispielsweise durch Studien zu Erfolgsfaktoren nachhaltiger Veränderung. wurde ein auf Umsetzung spezialisierter Beratungszweig „McKinsey Implementation" gegründet mit einem weltweiten Netzwerk von heute fast 350 Kollegen und Kolleginnen. Diese Berater haben im Vergleich zur üblichen Rekrutierungspraxis von McKinsey eher untypische Lebensläufe. Stärker noch als herausragende akademische Leistungen stehen die eigenen industriellen Implementierungserfahrungen im Vordergrund. Lumics ist für den Shareholder McKinsey der konsequente nächste Schritt auf einem zunächst ungewöhnlichen Weg.

## Gründung

Das zentrale Lean-Team der Lufthansa Technik wurde in den Jahren 2010/2011 immer stärker nachgefragt, um im Lufthansa Konzern und bei MRO-Kunden beim Einstieg in die Verschlankung ihrer Prozesse zu unterstützen. Um das zu ermöglichen, wurde dieses Team zunächst intern erweitert, was jedoch Ende 2011 an Grenzen der organisatorischen Machbarkeit stieß. Initial für die Gründung von Lumics war die Ablehnung einer Vorstandsvorlage, die eine erneute Erweiterung des zentralen Lean-Teams beantragte mit der Aufforderung, über eine gemeinsame Aktivität mit einem Beratungsunternehmen nachzudenken. Aufgrund der langjährigen Zusammenarbeit war McKinsey für Lufthansa Technik der erste Ansprechpartner. Die dortigen Überlegungen zur Verstärkung der Implementierungs-Practice passten ideal zum Vorhaben der Lufthansa Technik, auch wenn die Erfahrung mit der Gründung von Beteiligungsunternehmen recht unterschiedlich verteilt war. McKinseys Wachstum war fast ausschließlich organisch entstanden, während Lufthansa Technik bereits zahlreiche Joint Ventures auf den verschiedenen Kontinenten betrieb. Aus den ersten Gesprächen wurde in zwölf Monaten ein Businessplan entwickelt, der dann in den jeweils zuständigen Gremien zur Entscheidung vorgelegt wurde. Gegründet wurde Lumics im Oktober 2013 als ein 50:50-Joint-Venture, das von einer paritätisch besetzte Geschäftsführung geführt wird. Unterstützt wird die Geschäftsleitung durch einen Beirat mit Vorständen bzw. Partnern beider Shareholder. Deutlich länger als die Festlegung dieser Governance-Strukturen dauerte die Wahl des Namens für das neue Unternehmen. Mit „Lumics" wurde ein phonetisch heller, klarer Name gewählt, der gleichzeitig sprachlich Anknüpfungspunkte und Verbindungen zu beiden Shareholdern zulässt.

Die Frage nach dem Standort wurde zügig geklärt, da sowohl viele McKinsey-Implementierungskollegen von der Elbe aus arbeiten als auch Lufthansa Technik ihren Sitz in Hamburg hat. Nach mehreren Besichtigungen typischer Büroräume für ein kleines Unternehmen in Hamburgs Innenstadt wurde jedoch klar, dass die Besonderheit von Lumics dort nicht unmittelbar sichtbar wird. Trotz der organisatorischen Nachteile, in einem Sicherheitsbereich ein Büro zu eröffnen, sprach die unmittelbare Nähe zum industriellen Umfeld für den

Standort auf dem Gelände der Lufthansa Technik. In Gesprächen mit Klienten oder auch Bewerbern kann die konzeptionelle Diskussion über erfolgreiche Veränderung unmittelbar durch einen Besuch in den Hallen und Werkstätten ergänzt werden. Ein Gespräch vor Ort mit einem Meister oder Vormann, der in seinem Verantwortungsbereich selbst ein Veränderungsprojekt vorangetrieben hat, ist häufig wesentlich überzeugender als noch so gute theoretische Erklärungen. Diese Standortwahl hat sich in der Praxis bewährt. Sowohl in der Phase vor einem Projekt als auch mit Führungskräften von aktuellen Klienten sind Besuche und Diskussionen auf der Lufthansa Technik-Basis regelmäßiger Bestandteil. Diese „Go-and-Sees" vermögen gerade bei laufenden Veränderungsprojekten wichtige Impulse und überzeugende Beispiele für das operative Führungsteam der Klienten geben.

Auch für den Nachhaltigkeitsanspruch ist der Standort inmitten der Produktion von Lufthansa Technik ein Vorteil: Auch noch lange nach dem Ende eines Projekts in einem Produktionsbereich der Lufthansa Technik treffen die Lumics-Berater beispielsweise in der Kantine auf die Kollegen, mit denen das Projekt durchgeführt wurde. Das Feedback ist unmittelbar und zeigt deutlich, ob die nachhaltige Veränderung gelungen ist.

## Team

Lumics startete im Oktober 2013 mit einem achtköpfigen Beraterteam mit ehemaligen McKinsey-Beratern, Mitgliedern des Lean-Teams der Lufthansa Technik sowie einer ersten „externen" Beraterin, die von einem dritten großen Beratungsunternehmen zum Gründungteam stieß. Neben diesen beratungserfahrenen Kollegen gehörten auch schon von Anfang an Praktiker der Lufthansa Technik mit eigener Veränderungserfahrung zum Team, u.a. ein Industriemeister aus der Base Maintenance, der zwar keinen Hochschulabschluss, dafür aber das sehr wertvolle Know-how über die Vermittlung von Veränderungsnotwendigkeiten an die eigenen Kollegen mitbrachte. Dieses Wissen, ein ähnlicher technischer Sachverstand und auch „die gleiche Sprache" ermöglichen bis heute einen ganz besonderen Zugang zu Kollegen auf dem Shopfloor in einem Projekt. Die Mischung aus „gelernten" Beratern und industrieerfahrenen Praktikern hat sich bewährt und ist auch im Zuge des Wachstums auf aktuell 26 Berater (Stand April 2015) beibehalten worden. Neben der gezielten Rekrutierung erfahrener Kollegen ist die Weiterentwicklung der Lumics-Berater ein wesentlicher Faktor zur Sicherung der Beratungsqualität. Dabei stützt sich Lumics nicht nur auf die Konzepte zur Personalentwicklung und die Feedbackkultur von McKinsey, sondern nutzt auch die spezifischen Weiterbildungsangebote beider Shareholder: die Lean-Academy der Lufthansa Technik ebenso wie die Berater- und Leadership-Trainings von McKinsey.

Um weiteres Wachstum zu ermöglichen, wurde Anfang 2015 ein zweites Büro in Frankfurt am Main direkt am Flughafen eröffnet. Das bietet Beraterinnen und Beratern aus der Rhein-/Main-Region die Möglichkeit, an einem heimatnahen Standort zu arbeiten. Zudem ist die Nähe zu dem größten Hub der Lufthansa vorteilhaft für Projekte im Lufthansa Konzern.

## Methodik

Lumics betrachtet Unternehmen prozessorientiert und hat seinen Schwerpunkt in der Effizienzsteigerung durch Implementierung von schlanker, verschwendungsarmer Wertschöpfung. Methodisch liegen dem Vorgehen die Erfahrung der Lufthansa Technik, kondensiert im „Lufthansa Technik Produktionssystem" sowie der McKinsey-Ansatz zu Lean-Operations zugrunde. Das Lufthansa Technik Produktionssystem (LPS) ist ein auf Kontinuität ausgelegtes Vorgehensmodell. Kernelement sind immer wiederkehrende Abfolgen von Transformationsprojekten und kontinuierlicher Verbesserung. Erstere sind auf 8 – 16 Wochen angelegte sprunghafte Verbesserungen in einem klar abgegrenzten Wertstromabschnitt. In den klassischen Phasen der Diagnose, Planung, Gestaltung, Umsetzung und Stabilisierung werden unter der Führung einer operativen Führungskraft Prozessverbesserungen erarbeitet und umgesetzt. Kontinuierliche Verbesserung im Rahmen eines laufenden Leistungsmanagements schließt sich daran an und unterstützt die weitere Verbesserung im Alltag. Als Analogie wird häufig das Zusammenspiel der Startphase eines Flugzeugs, bei der in kurzer Zeit mit enormen Ressourceneinsatz viel Höhe gewonnen wird, und dem anschließenden Reiseflug, bei dem die Piloten ständig Kurs, Höhe und Richtung prüfen und bei Abweichung vom Ziel rechtzeitig kleine Korrekturen einleiten, herangezogen.

Eine der wesentlichen prozessseitigen Herausforderungen, die sich in einem MRO-Betrieb wie der Lufthansa Technik stellt, ist der Umgang mit Varietät bzw. „Überraschung im Prozess". Durch die begrenzte Vorhersagbarkeit von technischen Abnutzungsprozessen oder Beschädigungsereignissen ist neben der Beherrschung von „planbarer" auch die effiziente Durchführung von „unplanbarer Instandhaltung" herausfordernd. Eine hohe Varietät bewirkt einen „Trade-Off" zwischen Wartezeiten/Durchlaufzeiten auf der einen Seite und der Ressourcenauslastung auf der anderen Seite. Im Kern ist das Ziel zunächst die Glättung von Nachfrage; im MRO-Kontext hat sich dazu beispielsweise „Frontloading" bewährt. Vollständig ist die Überraschung jedoch nicht aus Reparaturprozessen zu eliminieren. Daher ist die Flexibilisierung von Produktionsressourcen durch aktives Kapazitätsmanagement der zweite Schritt, um Verschwendung möglichst gering zu halten. Dabei kommt der Bereitschaft der Mitarbeiter zu flexiblem Verhalten im Rahmen des legal Möglichen eine große Bedeutung zu. Neben der technischen Ausgestaltung der Produktionsabläufe rücken damit Änderungen bei Einstellung und Verhalten der Mitarbeiter in den Mittelpunkt schlanker Produktion. Dieser Dreiklang aus „Variabilität reduzieren", „Flexibilität erhöhen" und „Verschwendung vermeiden" ist langjährig geübte Praxis und Grundsicht auf Lean Management von Lumics.

## Projekte

Das Projekt- und Klientenspektrum von Lumics hat aufgrund der beschriebenen Expertise und Herkunft einen Schwerpunkt in solchen Branchen und Industrien, die komplexe Produktions- und Wartungsprozesse beherrschen müssen. Tatsächlich finden sich im bisherigen Klientenspektrum drei typische Muster, warum Lumics als erste Wahl bei der externen Unterstützung hinzugezogen wird:

Lumics hat als Tochterunternehmen eines luftfahrttechnischen Betriebes aus seinem Ursprung heraus einen klaren Fokus auf Sicherheit und Stabilität der zu optimierenden Prozesse. Daraus resultieren Projekte in Industrien, die ebenfalls hohen Sicherheitsstandards genügen müssen, wie die Pharmaindustrie, Reedereien oder andere Transportunternehmen/OEMs.

Aufgrund der Erfahrung in der Optimierung von Wartungsprogrammen („Maintenance Schedules"), der Standardisierung von Wartungsaktivitäten („Jobcard-Gestaltung") und auch der effizienten Durchführung der Wartung an sich unterstützt Lumics Unternehmen, deren Produktionsfähigkeit von der hohen Verfügbarkeit vom komplexen Industrieanlagen abhängt. Das sind beispielsweise Automobilunternehmen oder auch Öl- und Gasversorger.

Die dritte typische Projektsituation bezieht sich auf das Umfeld, in der die jeweiligen Unternehmen gerade sind: Häufig stellen sich große Herausforderungen in der Kommunikation der Veränderung. Da hat es sich als vorteilhaft erwiesen, dass Lumics einen eigenen industriellen Hintergrund hat und Führungskräfte und Mitarbeiter des jeweiligen Klienten zu Workshops/Go-and-Sees auf der Lufthansa Technik-Basis einladen kann. Die Eindrücke und Gespräche vor Ort sind eine extrem hilfreiche Unterstützung bei der Einstellung zu anstehenden Veränderungen insbesondere in der Kombination mit Beratern von Lumics, die selbst über jahrelange Führungserfahrung auf dem Shopfloor verfügen.

Die Nachfrage seitens der beiden Muttergesellschaften nach Unterstützung durch Lumics ist hoch. Integriert in McKinsey-Teams arbeiten Lumics-Berater bei deren Klienten und übernehmen dort häufig Aufgaben, die in das oben beschriebene Muster passen. Bei Lufthansa Technik und auch Schwesterunternehmen der Lufthansa-Gruppe unterstützen Lumics-Teams bei Prozessoptimierungsprojekten sowohl in der Planung und Konzeption als auch bei der Implementierung auf dem Shopfloor. Obwohl die Projekte bei und mit den Muttergesellschaften die Mehrheit der Tätigkeit von Lumics ausmachen, ist Lumics von Beginn an nicht als Inhouse-Beratung geplant worden und arbeitet heute auch einen signifikanten Teil für selbst akquirierte Klienten. Ohne diesen direkten Kontakt mit dem Beratungsmarkt würde ein wichtiger Baustein zur Entwicklung einer eigenen Identität nach innen und außen fehlen. Neben dem ständigen Messen an Wettbewerbern um den geeignetsten Ansatz ist der Nachweis eines marktgängigen, auch für unabhängige Dritte attraktiven Produktes wichtig für die Akzeptanz bei den beiden Muttergesellschaften. Im ersten Quartal 2015 machten diese selbständig erarbeiteten Projekte gut ein Drittel des Geschäftes von Lumics aus. Ganz frei ist Lumics dabei allerdings nicht: Zum einen ist die Kapazität begrenzt, und da die beiden Shareholder ein starkes Interesse am Einsatz von Lumics-Beratern in ihren eigenen Projekten haben, müssen die externen Impulse einerseits und die Zusammenarbeit mit McKinsey sowie Lufthansa Technik andererseits stets in ein sinnvoll ausbalanciertes Verhältnis gebracht werden. Zum anderen sollte Lumics nicht in direkte und vor allem nicht abgestimmte Konkurrenz mit McKinsey treten und ebenfalls auch nicht unabgestimmt für direkte Wettbewerber der Lufthansa Technik arbeiten.

# Fazit

Die Erwartungen der Shareholder an die Gründung von Lumics sind bisher deutlich erfüllt worden. Aus den ersten Ideen heraus hat sich mittlerweile ein Beratungsunternehmen mit eigener Identität entwickelt, mit einem attraktiven Angebot für namhafte Unternehmen. Als ausgesprochen hilfreich für die Qualität und Geschwindigkeit der Entwicklung hat sich dabei die Möglichkeit erwiesen, von der Erfahrung und den höchst professionellen Prozessen von McKinsey zu lernen — sei es im Recruiting, der Projektstrukturierung, der Personalentwicklung oder im Rückgriff auf die Trainingsformate für Berater und Projektleiter. Durch Lufthansa Technik ist industrielle Erfahrungshintergrund eines MRO-Betriebes mit allerhöchsten Sicherheitsanforderungen für Lumics unmittelbar zugänglich und sichert die Praxisnähe der Lösungsansätze. Trotz dieser Möglichkeit, von der Erfahrung der Shareholder zu lernen, erlebt Lumics — wie jedes wachsende Start-up — die besonderen Herausforderungen an die ständige Weiterentwicklung der internen Strukturen an die jeweiligen Unternehmensgröße. Die Beteiligung aller Mitarbeiter daran erzeugt einen großen Teil des Stolzes auf die eigene Identität von Lumics und schafft die Basis für weiteres Wachstum. Um das zu erreichen, sucht Lumics ständig nach hochqualifizierten und sympathischen neuen Teammitgliedern, die Spaß am weiteren Aufbau von Lumics haben.

# Fusionen zwischen externen Unternehmensberatungen

# Kunden ganz neue Perspektiven eröffnen: Strategy& positioniert sich

## Launch der integrierten Kommunikationskampagne „We are changing the Consulting Industry"

Von Martin Scholich, Vorstand für den Geschäftsbereich Advisory bei PwC in Deutschland und Dr. Klaus-Peter Gushurst, ehemaliger Sprecher der Geschäftsführung PwC Strategy& und heute Mitglied im Territory Leadership Team bei PwC in Deutschland

Mit dem Zusammenschluss von PwC und Strategy&, ehemals Booz & Company, im April 2014 ist eine neue Klasse der Managementberatung auf globaler Ebene entstanden, die Kompetenzen und Fähigkeiten von der Strategie bis zur Umsetzung vereint.

Mit der Zielsetzung, einerseits die neue Marke Strategy& als Top-Strategieberater am Markt zu positionieren und andererseits die Marke PwC durch das Co-Branding mit der Strategieberatungskompetenz von Strategy& effektiv zu ergänzen, wurde Mitte 2014 eine integrierte Kommunikationskampagne gestartet. Zielgruppen der Kampagne sind Unternehmen sowie potentielle Bewerber. Nicht zuletzt werden durch die Kampagne auch positive Effekte auf die Berater bei PwC und Strategy& erwartet, die die Botschaft der Kampagne im direkten Kontakt mit den Klienten vermitteln.

Leitmotiv ist die Kernbotschaft „We are changing the Consulting Industry". Die Herausforderungen für Unternehmen werden zusehends komplexer, digitaler, disruptiver. Für das Meistern dieser Herausforderungen sind neue Lösungsansätze, Strategien und Methoden gefragt. Dazu braucht es neue Perspektiven, eine ganz neue Sicht auf die Dinge. Eine Perspektive, die zu nachhaltigen Erfolgen führt: die Perspektive von Strategy&. Die beiden Bildmotive der Kampagne, „Stairs" und „Reflections", bringen diesen Perspektivwechsel zum Ausdruck.

Um die Kernzielgruppen Unternehmen und Bewerber individuell anzusprechen, unterscheiden sich die Anzeigen im Fließtext: An Erstere richtet sich die Botschaft, dass PwC Strategy& für die weltgrößte Managementberatung steht, die ihre Klienten umfassend von der Strategieentwicklung bis zur Umsetzung berät. Letztere sind aufgerufen, sich mit Blick auf ausgezeichnete Karriereperspektiven zu bewerben

**We are Strategy&. We open up new perspectives.**
Booz & Company has combined with PwC and is now Strategy&,
a global team of practical strategists in the PwC network.
We are the world's pre-eminent strategy-through-execution firm
with a unique global footprint. We stand by our commitment.

www.strategyand.pwc.com

© 2014 PwC. All rights reserved.
PwC refers to the PwC network and/or one or more of its member firms, each of which is a separate legal entity. Please see www.pwc.com/structure for further details.

*Motiv für die Zielgruppe Bewerber*

und die Zukunft der Strategieberatung mitzugestalten. Aufgrund der internationalen Ausrichtung der Zielgruppen erscheinen sämtliche Anzeigen in englischer Sprache.

**strategy&**
*Formerly Booz & Company*

**We are changing the Consulting Industry.**

**Raise your expectations.**

We are Strategy&. We open up new perspectives.
Booz & Company has combined with PwC and is now Strategy&,
a global team of practical strategists in the PwC network.
We are the world's pre-eminent strategy-through-execution firm
with a unique global footprint. We stand by our commitment.

www.strategyand.pwc.com

**pwc**

© 2014 PwC. All rights reserved.
PwC refers to the PwC network and/or one or more of its member firms, each of which is a separate legal entity. Please see www.pwc.com/structure for further details.

*Motiv für die Zielgruppe Unternehmen*

Die deutschlandweit bis April 2015 über verschiedene Print- und Online-Kanäle durchgeführt, darunter am Frankfurter Flughafen, in Tageszeitungen sowie Online-Medien, und durch Kommunikations-maßnahmen wie Autorenbeiträge und Veranstaltungen ergänzt.

# Fusion zwischen EY und J+M Managementberatung

Perfekt kombiniert. Die Geschichte einer Punktlandung

Von Birgit Kienzle, Senior Manager bei der EY Managementberatung

Klein und fein oder groß und stark? Oder fein und stark? Die EY-Managementberatung und das Beratungsunternehmen J&M Management Consulting haben sich für die dritte Möglichkeit entschieden — und damit in jeder Hinsicht gepunktet. Die Geschichte eines erfolgreichen Zusammenschlusses.

Die Nachricht war für die Branche eine echte Überraschung. Das lag nicht allein am Anzeigenmotiv, das einen schwarzen, einen weißen und einen gepunkteten Dalmatiner zeigte mit der Headline „EY und J&M Management Consulting: perfekt kombiniert für Ihre Supply Chain". Im Frühjahr 2013 übernahm das Prüfungs- und Beratungsunternehmen EY die J&M Management Consulting. Mit der Fusion baute das Big-Four-Unternehmen seine Managementberatung in Deutschland, Österreich und der Schweiz ad hoc von 1.100 auf 1.400 Berater aus.

Bedeutsamer als der quantitative war allerdings der qualitative Coup, den die EY-Managementberater landeten: Mit der Übernahme ergänzten sie ihre Performance-Improvement-, Risk- und IT-Kompetenzen um das wichtige Supply-Chain-Management-Wissen der J&M-Kollegen. In dieser neuen Aufstellung besitzen die EY-Berater jetzt ein perfekt aufeinander abgestimmtes Leistungsportfolio, das die vielen komplexen Fragen rund um die Transformation der gesamten Wertschöpfungskette aus einer ganzheitlichen Perspektive berücksichtigt.

„Mit der Übernahme haben wir unsere starke Position unter den Beratungsfirmen noch weiter ausgebaut", erklärte Markus Schweizer, Managing-Partner der EY-Managementberatung, nach dem Zusammenschluss. „Gemeinsam mit den J&M-Kollegen können wir unsere Mandanten jetzt auch in allen Supply-Chain- und Business-Transformations-Fragen ganzheitlich beraten — angefangen von der optimalen strategischen Ausrichtung über ein effektives Steuersystem bis hin zu einem maßgeschneiderten Risikomanagement. Das bringt spürbare Wettbewerbsvorteile und schafft die Basis für nachhaltiges

EY und
J&M Management Consulting:
perfekt kombiniert
für Ihre Supply Chain.

Wir sind eine der führenden Managementberatungen im deutschsprachigen Raum – und unterstützen Sie weltweit in über 140 Ländern. Mit dem Zusammenschluss von EY (Ernst & Young) und J&M Management Consulting bieten wir Ihnen einmalige Qualität in der Supply Chain Beratung.

Mehr auf www.de.ey.com und www.jnm.com

See More | Performance

„EY" und „wir" beziehen sich auf alle deutschen Mitgliedsunternehmen von Ernst & Young Global Limited, einer Gesellschaft mit beschränkter Haftung nach englischem Recht. ED 0614.

J&M MANAGEMENT CONSULTING

EY
Building a better working world

Wachstum." Demografischer Wandel, Globalisierung, Urbanisierung, E-Business und insbesondere die gegenwärtige Diskussion um die komplexen Industrie-4.0-Technologien konfrontieren CEOs, COOs und Supply-Chain-Leiter mit der Aufgabe, ihre Liefer- und Wertschöpfungsketten zu optimieren, ihre Geschäftsprozesse zu transformieren und innovative Geschäftsmodelle zu entwickeln.

Dabei freut Markus Schweizer besonders, dass die neuen J&M-Kollegen neben ihrem fundierten IT- und Ingenieurswissen exzellentes Sektoren-Know-how aus unterschiedlichen Schlüsselbranchen wie der Konsumgüterindustrie, der Automobilbranche oder dem Maschinenbau mit eingebracht haben. „Diese Branchenspezialisierung passt genau zu unserem Selbstverständnis und ergänzt unsere Ausrichtung optimal", so der Berater, „da auch wir für die unterschiedlichen Branchen eigene Teams aufgebaut haben. Jeder Wirtschaftszweig hat seine eigenen Spielregeln, und je besser man diese Regeln kennt, desto besser werden auch die Lösungen ausfallen, die wir für unsere Mandanten entwickeln." Aber auch die J&M-Kollegen haben Grund zur Freude. Seit dem Merger können sie im internationalen Netzwerk eines Global Players mitspielen, der in 150 Ländern zu Hause ist.

Doch nicht nur unter Kompetenzgesichtspunkten entpuppte sich der Zusammenschluss zwischen EY und J&M als eine gelungene Kombination, bei der zwei Unternehmen ihre Stärken zusammengelegt haben und damit in jeder Hinsicht punkten können. Auch unter Marken- und kulturellen Aspekten war der Merger ein großer Wurf. So gelang es, das starke Supply-Chain-Image der J&M Management Consulting auf die EY-Managementberatung zu übertragen. Dazu trug neben vielen persönlichen Gesprächen und detailliert vorbereiteten Mandantenanschreiben auch eine mehrmonatige Imagekampagne mit intelligenten Online-, Print- und Social-Media-Aktivitäten bei. Zusammen mit der involvierten Agentur entwickelte das EY-Marketingteam eine ebenso differenzierte wie spannende Argumentationslinie, die sowohl den Markt als auch die bestehenden EY- und J&M-Kunden davon überzeugte, dass „Fein und Stark" wirkliche Vorteile für sie bringt und das kombinierte Unternehmen ihnen noch besser als bisher dabei hilft, ihre unternehmerischen Ziele zu erreichen.

Das Fusionsversprechen, das die EY-Managementberatung und J&M Management Consulting in ihrer Imagekampagne gegeben hatten und für das der schwarze, der weiße und vor allem der gepunktete Dalmatiner symbolisch standen, wurde durch die schnelle Integration ohne Wenn und Aber eingelöst: perfekt kombiniert!

# Inhouse Consulting als Anbieter externer Beratungsdienstleistung

Die Öffnung nach außen beinhaltet auch die Möglichkeit für das Inhouse Consulting (IHC), die eigenen Unternehmensgrenzen zu überschreiten und ihre Beratungsleistungen im Wettbewerb mit den externen Beratungen am Markt anzubieten. Jüngstes Beispiel für eine als Profitcenter aufgestellte Inhouse-Beratung, die u.a. ihre R&D-Kompetenz zu 40 Prozent Kunden auch extern anbietet, ist die Continental Business Consulting CBC (vgl. den Beitrag von Kay Thielemann in diesem Buch). Die DHL Consulting bietet 20 – 30 Prozent ihrer Beratungsdienstleistungen externen Klienten im Bereich Supply Chain Management an.

## Überblick: Porsche Consulting, MBtech, Detecon

Frank Höselbarth, people + brand agency

Drei prominente Best-Practice-Beispiele für ursprünglich als IHC gegründete Beratungen, die sich als externe Beratungen weiterentwickelt haben, sind:
1. Porsche Consulting
2. MBtech
3. Detecon International

## Porsche Consulting keine Inhouse-Beratung

Trotz unternehmerischer Zugehörigkeit zu dem Automobilhersteller, von dessen positiv emotionsgeladenem, fast mythischen Ruf die Beratung partizipiert, definiert sich Porsche Consulting nicht als Inhouse Consulting. Temporär war das Beratungsunternehmen mit Hauptsitz in Bietigheim-Bissingen Mitglied des IHC-Netzwerks. Seit seiner Gründung versteht sich das Haus allerdings als externe Beratung für die Automobil(zulieferer)-Industrie, die Consulting nach den Prinzipien des Lean Managements anbietet und durchführt. Die Berater von Porsche Consulting begleiten zwar auch das Mutterhaus, der Großteil der Beratungsaktivitäten findet heute jedoch außerhalb der Porsche AG statt.

Porsche Consulting ist 1994 aus dem Restrukturierungsprozess nach der Krise der Porsche AG entstanden. „Bei Porsche Consulting stellen ausgewählte Mitarbeiter der Porsche AG, die die Transformation des Fahrzeugbauers aktiv mitgestaltet haben, ihre praktischen Erfahrungen auch anderen Firmen zur Verfügung." Die Consultants definieren sich als „vielleicht die einzigen Berater, die ihre Empfehlungen bereits im eigenen Unternehmen getestet und erfolgreich umgesetzt haben."

Porsche Consulting unterscheidet sich auch in der Gewinnung ihrer Berater, die sich zu einem erheblichen Teil aus gestandenen Industriepraktikern und Meistern zusammensetzen. Zwei Drittel der rund 370 Porsche-Berater kommen aus der Industrie und verfügen über durchschnittlich neun Jahre Berufs- und Führungserfahrung. Die Teams setzen sich aus Technikern, Ingenieuren, Kaufleuten, Meistern und ausgebildeten Trainern zusammen.

Die speziell in der Automobil- und Zuliefererindustrie entwickelte Kaizen-Methode applizieren die externen Berater auch auf andere Industrien wie „der Luft- und Raumfahrt sowie dem Maschinen- und Anlagenbau. Weitere Klienten kommen aus der Baubranche, der Konsumgüterindustrie und dem Handel sowie dem Dienstleistungssektor."

## MBtech Consulting

Die MBtech Consulting zählte als 100 %-Tochterunternehmens der MBtech-Group zum Daimler Konzern und entwickelte sich innerhalb weniger Jahre von einer internen zu einer externen Unternehmensberatung auf dem freien Markt. „Die Anfänge liegen im Jahr 2001, als das Unternehmen unter dem Namen LMC GmbH (Lean Manufacturing Consulting GmbH) als Inhouse-Beraterhaus für den Daimler-Konzern gegründet wurde." Im Jahr 2007 fand das Rebranding in MBtech statt. „Heute ist das Unternehmen ein weltweit führender Anbieter von Projektmanagement- und Consulting-Leistungen" entlang der kompletten Wertschöpfungskette für produzierende Industrieunternehmen mit dem Schwerpunkt der Automobilindustrie, in der die Beratung beheimat ist. Kernkompetenz ist das Innovations- und Technologie-Consulting, das nach einem ganzheitlichen Lean-Ansatz betrieben wird. (Vgl. „MBtech Consulting — von der Inhouse-Beratung zur ganzheitlichen Unternehmensberatung" , Michael Müller, in: „Inhouse Consulting", Christel Niedereichholz, Joachim Niedereichholz (Hrsg.), Oldenbourg Verlag München, 2010, S. 225 − 234.)

Die MBtech beschäftigt 3.300 Mitarbeiter an Standorten in Europa, Nordamerika sowie Asien und gehört heute zu dem im Automotive- und Aeronauticssektor weltweit führenden Technologiekonzern AKKA Technologies mit 11.000 Ingenieuren.

## Detecon International

Die Detecon International GmbH ist ein deutsches, auf Management- und Technologieberatung spezialisiertes Beratungsunternehmen. 1977 wurde Detecon, (ursprünglich firmiert unter Deutsche Telepost Consulting), als Beratungsunternehmen für die Telekommunikations- industrie gegründet. Die Detecon International, als Tochterunterneh- men der T-Systems, ist 2002 aus der Fusion der Beratungsunternehmen Detecon und Diebold entstanden und wurde eher in Deutschland als Inhouse-Beratung angesehen. Dabei war auch die Bonner Beratung „mit klarem externen Auftrag gestartet." Auf der Grundlage seiner Expertise und der wachsenden Bedeutung der IT- und TK-Technologien über die Grenzen der Telekommunikation hinaus berät Detecon heute Kunden aus nahezu allen Branchen.

Heute hat sich Detecon International auf dem Weg von einer „Inhouse"- Consultingfirma in eine extern anbietende, branchenübergreifende Beratung mit digitaler DNA entwickelt (vgl. den folgenden Beitrag von Björn Deprez und Francis Menden).

# Detecon International: Der Weg vom „Inhouse" Consulting in die branchenübergreifende Beratung mit „digitaler DNA"

Von Björn Menden und Francis Deprez (CEO), Detecon

## Ursprung in der Telekommunikationswelt

Die Detecon ist eine internationale Managementberatung, die sich der branchenübergreifenden Konzeption und Umsetzung digitaler Strategien und Geschäftsmodelle verschrieben hat. Kern aller Aktivitäten der Detecon ist die Erkenntnis, dass Informations- und Kommunikationstechnologien nicht mehr nur als „Enabler" fungieren, sondern maßgeblich über Differenzierung im Wettbewerb entscheiden. Digitalisierung zieht früher oder später in alle Produkte und Dienstleistungen ein und stellt damit die erfolgskritische Basis vieler Geschäftsmodelle. Telekommunikation und die Potentiale neuer Technologien sind Teil der DNA einer Detecon — und dieser Teil ist auch ihr Ursprung.

Noch in der alten „Bonner Republik", wo die frühere Deutsche Bundespost bis in die 1990er Jahre hinein als staatliche Organisation für alle Aufgaben im Zusammenhang mit Post- und Telekommunikationsdiensten zuständig war, wurde 1977 die Detecon in Bonn gegründet.

Der von der Bundespost erteilte Auftrag war: Das Angebot weltweiter Beratungsleistungen auf dem Gebiet der Telekommunikation und des Postwesens. Im Zentrum standen vor allem Infrastrukturuntersuchungen und Wirtschaftlichkeitsanalysen sowie die neutrale, unabhängige Beratung. Die Detecon war und ist bis heute in vielen Teilen der Welt an der Entstehung von Telekommunikationsunternehmen beteiligt.

Das Bonner Beratungs-Unternehmen, das lange Zeit gerade im deutschen Markt stark als Inhouse-Beratung gesehen wurde, ist interessanterweise mit einem klaren externen Auftrag gestartet.

Schon in den Anfängen war die Detecon einer der Treiber der Entwicklung in der Telekommunikationsbranche — der Branche, die heute eine zentrale Grundlage für unser Arbeiten und Leben in einer sich digitalisierenden Welt bildet.

In den 80er Jahren dehnte sich das ursprüngliche Geschäftsfeld, insbesondere die Beratung auf dem Gebiet der herkömmlichen eigentlichen Fernmeldetechnik, auf benachbarte Aktivitäten wie Marketing, Satellitentechnik, Informatik, Bürokommunikation und Mobilfunk aus. Auch wurde der Konzern Deutsche Telekom immer stärker ein Kunde der Beratung.

Ein Highlight war 1987 der Start des sechsjährigen GSM Projekt D1, bei dem gegen Ende der Laufzeit allein mehrere hundert Mitarbeiter des Hauses die Planung, den Aufbau und die Vermarktung des digitalen Mobilfunknetzes D1 steuerten. Ebenso waren diese auch maßgeblich an der Entwicklung des GSM-Standards beteiligt. Weitere Forschungsprojekte zur Entwicklung von Diensten und Anwendungen für geplante Breitbandnetze wie Breitband-ISDN oder ATM folgten. Viele Mobilfunkprojekte wurden dann in die neue Betreibergesellschaft Deutsche Telekom Mobilfunk GmbH (DeTeMobil), die spätere T-Mobile International überführt. Mit Sicherheit war dies eines der spannendsten „Inhouse"-Projekte der Detecon und hat dazu beigetragen, die Unternehmensberatung als Inhouse-Asset und Innovationsträger in der Deutschen Telekom zu etablieren. Die DNA der Unternehmensberatung hat sich hier deutlich gezeigt und auch weiter entwickelt − die Nutzung innovativer Technologien für Geschäftsmodelle, die den Alltag der Menschen nachhaltig und positiv verändern.

Die gewonnene technologische Expertise und den guten Ruf nutzend, beriet die Unternehmensberatung viele Regierungen in Asien und Afrika bei der Liberalisierung und Privatisierung nationaler Telekommunikationsunternehmen. Es wurden Tochterunternehmen und Niederlassungen in Saudi-Arabien, den USA, China und Südafrika gegründet. Nach 2000 folgten dann auch Thailand, die Vereinten Arabischen Emirate, Russland und die Türkei mit Büros.

Ein Startschuss für eine neue Ära fiel dann am 1. August 2002: Detecon fusionierte mit dem Beratungshaus Diebold. Die Diebold Group, Inc. war bereits 1954 in New York durch den Computerpionier John Diebold gegründet worden. Einige Jahre später wurden schon Tochtergesellschaften in Deutschland und später dann auch in der Schweiz gegründet. Das neue Unternehmen, mittlerweile als hundertprozentige Tochter der T-Systems fest im Konzern der Deutschen Telekom verankert, verbindet seither die Beratung für Telekommunikationsunternehmen, Regierungen und internationale Institutionen mit dem technologienahen Management-Consulting von Diebold. Diese Kombination hat auch den Inhouse-Anteil und den Inhouse-Brand der Detecon gefördert. „Externes" Geschäft blieb aber immer ein zentraler Teil und Anspruch, der durch die allgegenwärtige Rolle von Kommunikation und Technologie auch immer branchenübergreifender wurde.

## Die Beratungsfamilie der Deutschen Telekom

Die Detecon ist dementsprechend keine Inhouse-Beratung im eigentlichen Sinne. Man kann es vielleicht am besten so beschreiben: Die Detecon ist eine internationale Managementberatung und einer ihrer großen Kunden ist ihr Shareholder – die Deutsche Telekom.

Das Know-how und die Erfahrung aus den Projekten, die Inhouse gemacht werden, kombiniert mit dem Zugriff auf Top-Ressourcen aus dem Konzern, ist ein nicht zu unterschätzendes Asset für andere Kunden. Im Telekommunikationssektor ist dies ein USP, der uns auf allen Kontinenten hervorragend positioniert. Sicherlich schränkt es uns auch bei direkten Wettbewerbern der Deutschen Telekom ein, aber selbst diese vertrauen der Detecon Projekte an und setzen auf Professionalität.

Gerade in dem Maße in dem „Connected Life and Work" eine immer größer werdende Rolle spielt, ist das unternehmensspezifische Wissen aus dem Ursprung in der Telekommunikation auch für andere Branchen oder für Querschnittsthemen wie Digital HR und Future Work relevant. In immer weiter zunehmendem Maße wird auf dieser Basis auch international in immer mehr Branchen agiert und mit immer mehr und verschiedeneren Kunden.

Auch ist die Detecon nicht die einzige Beratungsressource im Konzern Deutsche Telekom. Als reine Inhouse-Beratung ergänzt das Center for Strategic Projects in der Konzernzentrale das Portfolio als ein Partner in strategischen Inhouse-Projekten. Als Kunde wie auch als Partner im externen Geschäft mit einem komplementären Portfolio an Telekommunikations-, IT- und Systemintegrationskompetenzen ist die T-Systems ein wichtiges Element des Gesamtbildes.

# Allgegenwärtige Technik und das „Internet der Dinge"

Wie noch nie tragen Telekommunikationsunternehmen heute, geprägt durch das rasante Wachstum von Daten und Diensten, zur immer stärkeren Vernetzung und Digitalisierung aller Branchen und Lebensbereiche bei.

Nach Einschätzung des Detecon Opinion Papers „Think 2032" wird Informations- und Telekommunikationstechnologie (Information und Communication Technology, ICT) bis zum Jahr 2032 in nahezu allen Produkten vorhanden sein. Zudem wird die Konvergenz von Festnetz und Mobilfunk durch IP-basierte Breitbandnetze (Next Generation Networks, NGN), die Sprache, Daten und Bild über einen gemeinsamen Kommunikationsweg übertragen, schon vor diesem Zeitpunkt Realität sein. Und die NGN werden viel zu tun bekommen: Die Zahl der Nutzer von mobilen Kommunikationssystemen überschreitet voraussichtlich bereits 2020 die Sechs-Milliarden-Grenze. Schließlich wird irgendwann auch der überwiegende Teil der Endgeräte drahtlos über die Kurzstreckenfunktechnik verbunden sein. Optische Übertragungstechniken auf LED-Basis machen Verkabelungen weitgehend überflüssig.

Damit nimmt auch das Internet der Dinge („Internet of Things", IoT) via Machine-to-Machine-Kommunikation (M2M) Gestalt an und wird zu einem wesentlichen Treiber der mobilen Vernetzung. Kostengünstige und einfach zu handhabende drahtlose Übertragungstechniken mit geringem Platz- und Energiebedarf tragen dazu bei, die physikalische Welt im IoT zu vernetzen. Zur Anwendung kommen bereits Near Field Communication (NFC), die etwa das Bezahlen an der Supermarktkasse per Smartphone ermöglicht, und Radiofrequenz-Identifikation (RFID) mit vielfältigen Einsatzfeldern u.a. in Logistik, Lager- und Warenmanagement.

Diese Entwicklungen eröffnen neue Möglichkeiten, Wertschöpfung für die eigenen Kunden zu erbringen. Vernetzung und daraus resultierende neue Geschäftsmodelle sind zum Teil zur DNA über die Telekommunikationsbranche hinaus geworden. Denn Geschäftsbeziehungen sind zunehmend digitaler Art und in unsere Wirtschaft eingebettet. Die Digitalisierung von Geschäftsprozessen innerhalb der einzelnen Branchen hat schon viel Wert generiert und wird über Branchengrenzen hinweg die Wertschöpfung noch einmal vervielfachen. Gerade die Expertise aus der Welt der Kommunikation macht aus internationalen Playern kompetente Berater, die den Klienten bei diesem eminent wichtigen Transformationsprozess helfen, neue Chancen zur Positionierung in der digitalen Welt rechtzeitig zu nutzen.

## Branchengrenzen verschwimmen: Smart Business Networks

Die allumfassende, flächendeckende Verbreitung von Technologie bringt also fundamentale Auswirkungen auf Unternehmen und Geschäftsmodelle mit sich. Telekommunikations-, Medien- und Handelsunternehmen waren als erste dem Innovationsdruck von Internetunternehmen wie Skype, Google und Amazon ausgesetzt. Zunehmend greifen die neuen Geschäftsmodelle auf Branchen wie Banken und Versicherungen, Touristik, Automobil und auch die Energiewirtschaft über. Ein wesentliches Element der Veränderungen ist die Umgestaltung einfacher Wertschöpfungsketten in Richtung komplexer Wertschöpfungsnetzwerke. Damit einher geht die Auflösung von Branchengrenzen. Es entstehen neue, dynamische Verbindungen zwischen bisher branchenfremden Unternehmen. Diese so genannten Smart Business Networks (SBNs) sind darauf ausgerichtet, unterschiedliche Geschäftskompetenzen durch den Einsatz „smarter" Technologien zusammenzuführen.

So verbinden sich im gerade entstehenden Markt für intelligente Haushaltslösungen, der üblicherweise mit den Begriffen „Smart" oder „Connected Home" bezeichnet wird, derzeit Unternehmen aus vormals klar getrennten Branchen wie zum Beispiel Energie, Unterhaltungselektronik, Gebäudesystemtechnik und Telekommunikation. In ähnlicher Weise entstehen Partnerschaften zwischen Automobilherstellern oder -zulieferern mit Energieversorgern und Telekommunikationsunternehmen, um im neuen Geschäftsfeld der Elektromobilität (e-Mobility) Produkte und Lösungen gemeinsam auf den Markt zu bringen.

## Anpassung der Geschäftsmodelle als Voraussetzung für den Erfolg

In den neuen Märkten kann sich der Erfolg nur über eine gemeinschaftliche Wertschöpfung innerhalb eines komplexen Netzwerks einstellen. Dafür werden alle Beteiligten ihre bisherigen Geschäftsmodelle verändern müssen. Werden Energieversorgungsunternehmen ein subventioniertes Auto als Dreingabe zur Stromlieferung anbieten, so wie Telekommunikationsunternehmen heute bei Vertragsabschluss kostenfrei Handys ausgeben? Werden Automobilhersteller Stromverträge als Teil des Wartungspakets anbieten? Oder werden neue Dienstleister Gesamtpakete aus Fahrzeug, Energie, Parkplatz und Wartung vertreiben? Allen diesen Szenarien ist gemeinsam, dass Produkte und Dienstleistungen aus heute unterschiedlichen Branchen gebündelt durch ein Partnernetzwerk angeboten werden.

## Die digitale Revolution überleben und gewinnen

Nicht alle werden diese Herausforderungen der dritten industriellen Revolution — auch als „digitaler Darwinismus" bezeichnet — bestehen. Überleben können nur anpassungsfähige Unternehmen, die anders als etwa die verschwundenen Handelsriesen Neckermann und Quelle ihre Geschäftsmodelle rechtzeitig neu justieren. Das Gegenbeispiel liefert ein ehemaliger Internet-Spartenanbieter wie Amazon, der rund 20 Jahre nach seiner Gründung nun den Versandhausmarkt weltweit beherrscht.

Selbst etablierte Technologie-Schwergewichte ändern ihre Strategien und Produkte: So etwa Apple, die sich vom Hardwarehersteller zum Portal-Anbieter mit Apps, Medien und dem iTunes-Store gewandelt hat. Umgekehrt ist aus dem Suchmaschinenanbieter Google ein Soft- und Hardwarehersteller mit eigenen Apps, Diensten und Mobilgeräten geworden.

Auch internationale Fertigungsunternehmen schließen neue Partnerschaften, in deren Rahmen sie gemeinsam mit Wettbewerbern und Zulieferern entwickeln und produzieren. Und es steht bereits die „Industrie 4.0" vor der Tür: die intelligente Fabrik (Smart Factory), in der sich Fertigung und Logistik weitestgehend selbst steuern. Hierbei versetzen cyberphysische Systeme Maschinen, Lagersysteme und Betriebsmittel in die Lage, sich miteinander zu vernetzen und Betriebsabläufe in Echtzeit zu planen.

Diese Digitalisierung aller Lebensbereiche und der Wandel in der Wertschöpfungskette ändern die Spielregeln der Wirtschaft und machen aus dem einstigen „Erfüllungsgehilfen" Information and Communication Technology die unverzichtbare Voraussetzung für Geschäftsmodelle, Prozesse und Produkte. Unternehmen müssen ihre Organisationskonzepte, Rollen und Verantwortlichkeiten anpassen, neue Partnerschaften schließen und innovative Technologien nutzen.

## Navigating the digital World – Führung durch die digitale Transformation

Für Detecon ist dieser Wandel bestimmend für das Geschäftsmodell und den Mehrwert, den wir unseren Kunden bringen. Der Hintergrund in der Telekommunikationsbranche und die Einbettung in einen Konzern, der sich „Connected Life and Work" verschrieben hat, liefern die technologische Expertise, das Business-Know-how und die Transformationserfahrung. Sie bilden die digitale DNA, die unsere Beratung charakterisiert. Auf Basis dieses Wissens entwerfen die Berater für jeden Klienten individuelle Strategien und Konzepte und begleiten ihn von der Strategie über die Implementierung bis zur Umsetzung.

Die Kundenlandschaft der Detecon hat sich dementsprechend nachhaltig verändert. Die Beratung von führenden Unternehmen bei der Konzeption und Umsetzung ihrer digitalen Strategien, der Entdeckung und Entwicklung digitaler Geschäftsmodelle und die Zukunft digitalisierter Arbeitswelten sind mehr und mehr zum Kern geworden.

Der Schwerpunkt der Beratung liegt dabei auf der Schnittstelle zwischen Business und ICT. Aufgabe der Consultants ist es, beide Welten miteinander zu verbinden und dafür zu sorgen, dass Unternehmen die Potentiale technologischer Innovationen für ihr Geschäft erschließen.

Diese Dimensionen umfassen den Kundenbereich mit neuen Vertriebskanälen und Kundenintegration, den Bereich Produkte und Dienstleistungen sowie das Unternehmen selbst im internen wie externen Kontext. Ein Anwendungsbeispiel für die Dimension Kunde liefert das Thema „Connected Car" (Vernetztes Fahrzeug). Autohersteller konnten bisher aufgrund der zwischengeschalteten Händler kaum direkt mit ihren Endkunden kommunizieren. Durch das vernetzte Fahrzeug erhalten sie nun über Infotainment-Systeme, Mehrwertdienste und Sensordaten direkten Zugriff auf die Fahrer – und neue Möglichkeiten für Vertrieb, Kundenbeziehungsmanagement und technischen Service. Gleichwohl bedeutet die Einführung von Konnektivität für die Automobilhersteller ein neues Terrain, auf dem sie nur über begrenztes Wissen verfügen. Um alle Kundenwünsche zu erfüllen, ist die Öffnung des Automotive-Ökosystem für Partner – und die Bildung von Smart Business Networks – unumgänglich: Marktteilnehmer aus der Elektronik-, Telekommunikations- und Softwareindustrie sowie weitere Dienstleister werden sich künftig an der Wertschöpfung beteiligen.

In der Dimension „Produkt und Dienstleistung" zeigt das interaktive Diabetes-Onlineportal, das die Central Krankenversicherung und die Deutsche Telekom auf der Cebit 2013 vorgestellt haben, den Nutzen digitalisierter Produkte und der aus ihnen gewonnenen Informationen. Mit drahtlosen Messgeräten verbundene Smartphones sind geradezu prädestiniert für die Gesundheitsprävention, insbesondere für Menschen, die sich zu wenig bewegen. Ausgestattet mit einem Schrittzähler, einem elektronischen Blutzuckermesser und einer Smartphone-App können die Teilnehmer nun selbst testen, wie sich ein Stück Kuchen oder gestiegene Treppen auf ihre Zuckerwerte auswirken. Die Werte werden hierbei über eine gesicherte Datenverbindung automatisch per Smartphone an das Diabetes-Portal übermittelt. Daraus ergibt sich ein besseres Monitoring, eine Verringerung von Gesundheitsrisiken und eine Kostensenkung – all das gepaart mit einer Verbesserung der Lebenssituation des Patienten.

Solche Beispiele beschreiben die Beratungsansätze und auch die Beratungsphilosophie einer Detecon als branchenübergreifende Managementberatung mit digitaler DNA. Strategien und Geschäftsmodelle, die sich innovative Technologien und die Möglichkeiten der Telekommunikation zunutze machen, sind von den Anfängen als Telekommunikationsberatung bis zur heutigen Managementberatung für die digitale Welt maßgeblicher Teil des genetischen Codes – der DNA einer Detecon.

# IV.
## Über Rolle und Aufgabe des Inhouse Consulting beim Einkauf externer Beratungsleistungen
Ein BASF-Interview

## Im Sinne des Kunden

Im Gespräch mit Liudmila Hack, Director Procurement Consulting Services (PCS) bei BASF Management Consulting (ZZC) und Bernhard Falk, Director Practice Group Post-Merger-Integration Excellence der BASF Management Consulting (ZZC)

*Ist eine zentrale Einkaufsabteilung von BASF stets in den Beauftragungsprozess für Professional Services eingebunden?*

Für alle Produkte und Services, welche vom externen Markt eingekauft werden, wird in der BASF der Einkauf eingebunden, das „Global Competence Center Procurement", das für den Einkauf global verantwortlich ist. Dieses Competence Center übernimmt die Goverance-Rolle und bestimmt, wie einzukaufen ist. Wir als BASF Management Consulting sind eine Zentralabteilung und unsere Hauptaufgabe ist die Beratung des Top-Managements. Zudem bieten wir dem Konzern den Service des Beratungseinkaufs im Rahmen eines delegierten Einkaufs an. Das bedeutet, dass wir die Einkaufsvollmacht dieses globalen Kompetenzzentrums erhalten haben, externe Beratungsdienstleistungen nach vorgegebenen Richtlinien und Kriterien einzukaufen. Wir nennen diesen Bereich mit delegierter Einkaufshoheit innerhalb von BASF Management Consulting „Procurement Consulting Services", kurz PCS.

*Was sind die inhaltlichen Kriterien für den Einkauf von externen Beratungsdienstleistungen in dieser Serviceabteilung für BASF?*

Die Themen, für welche externe Berater gesucht werden, sind sehr unterschiedlich. Daher sind es nicht immer die gleichen inhaltlichen Kriterien, sondern es kommt sehr auf die einzelnen Projektanfragen an. Ein Berater, welcher uns im Bereich Supply Chain unterstützt, muss andere Erfahrungen und Kompetenzen mitbringen, als ein Berater, der uns bei der Implementierung einer Bereichsstrategie unterstützt.

Wichtig in allen Fällen ist es, dass der Berater sich schnell ein Verständnis in seinem Fachgebiet innerhalb der BASF verschaffen kann. Denn letztendlich kommt es darauf an, dass der Berater uns als BASF versteht — inklusive der Fragestellungen, in welchen wir Unterstützung suchen. Und das ist eine komplexe Aufgabe, denn unser Konzern ist geprägt von einer enormen Vielfalt. Wir haben sehr viele Industrien mit den unterschiedlichsten Wertschöpfungsketten, welche nochmals verschiedenste regionale Ausprägungen haben. Daher ist es überaus wichtig, dass Berater ein maßgeschneidertes Angebot für unsere Projekte anbietet. Ein „Projekt von der Stange" kommt sehr selten gut an.

Zudem ist auch der erwartete Team-Fit mit den Beratern des externen Beratungshauses ein wichtiger Faktor. Daher sind wir sehr darauf bedacht, alle Berater, die an dem Projekt arbeiten werden, vorab bereits persönlich kennenzulernen. Die Chemie muss zwischen allen Beteiligten stimmen.

Erst im nachgelagerten Schritt werden die Kosten für die Beratung in die Entscheidung mit einbezogen. Denn wenn die Berater inhaltlich und/oder zum Team nicht passen, wird das ausgeschriebene Projekt keinen Erfolg haben. Da hilft es der BASF nicht, dass der Berater günstig war. Daher ist eine der Hauptaufgaben von uns Einkäufern, ein gutes Qualitäts-Kosten-Verhältnis zu erreichen.

*Was sind die No-Gos für ein Beratungsteam und worauf legen Sie beim Thema „soziale Kompetenz" besonderen Wert?*

Für uns ist es nicht wichtig, ob der Partner alles weiß, sondern auf den Projektleiter und die Berater kommt es an. Der Fokus liegt daher darauf, dass die Berater, welche hauptsächlich bei uns in der BASF vor Ort arbeiten werden, relevante Erfahrungen mitbringen und gut ins BASF-Team passen. Es ist uns wichtig, dass die Berater vor Ort mit unseren Kollegen auf Augenhöhe sprechen können.

Zudem müssen die Berater glaubhaft auftreten. Authentizität ist das, was man am Ende erspürt und im Verlauf einer Diskussion mitbekommt. Von daher achten wir bei den persönlichen Angebotspräsentationen darauf, wie sich die einzelnen Berater verhalten. Wie tritt jemand auf, wie verhält er sich, wie argumentiert er, wie kommuniziert er? Ist es gekünstelt oder agiert da die Person, die jemand wirklich ist? Besitzt jemand die nötige kulturelle Sensitivität für gewisse Themen?

Je nach Beratungsprojekt legen wir großen Wert darauf, dass die Berater sich ohne weiteres in den Produktionsbetrieben integrieren und dort auch einen Draht zu den Mitarbeitern finden. Dazu muss ein Berater auf allen Ebenen bestehen und Interviews mit den unterschiedlichsten Mitarbeitergruppen im Unternehmen führen und nicht nur mit der Top-Management-Ebene.

*Welches externe Benchmark-Wissen über den Consulting-Markt beziehen Sie in Ihre Evaluationen mit ein?*

Selbstverständlich halten wir unser Wissen über den Beratungsmarkt durch das Lesen verschiedener Fachzeitschriften, Artikel, Ratings und Foren stets aktuell. Zudem sind wir Mitglied in verschiedenen Einkäufer- und Beratungskreisen und tauschen uns dort mit anderen Unternehmen aus. Neben der externen Sicht ist es aber auch sehr wichtig, das interne Wissen in der BASF über den Beratungsmarkt zu bündeln und klug zu archivieren. Ein sehr wichtiger Bestandteil hiervon sind die Bewertungen der Beratungen durch unsere Kollegen, welche Projekte mit diesen durchgeführt haben.

Zudem sind wir in ständigem Kontakt zu den verschiedenen Beratungshäusern und halten uns auf dem neuesten Stand über die aktuellen Portfolioentwicklungen. Aktuell haben wir Transparenz über mehrere hundert Berater und sind weiterhin proaktiv auf der Suche nach neuen Anbietern, die unser Portfolio bereichern können.

*Haben Sie eine Liste von präferierten Lieferanten für externe Beratungen, mit denen sie zusammenarbeiten? Und wann beauftragen Sie eher die Top-Managementberatungen oder in welchen Fällen eher Beratungs-Boutiquen?*

In der BASF haben wir keine Liste von präferierten Lieferanten. Stattdessen suchen wir für jedes Thema und Projekt den passenden Berater. In vielen Fällen haben wir bereits eine Vorstellung, welche Beratung für das Thema passend sein könnte. Dafür nutzen wir unser Marktwissen und hören genau zu, wenn bereits aktive Lieferanten neue Geschäftsfelder vorstellen. So ist es uns möglich, für jedes Thema, egal ob Carve-Out in Südamerika oder Implementierung einer Regionalstrategie in Asien, passende Beratungshäuser um die Abgabe eines Angebots zu bitten. Dann hat es jede Beratung selbst in der Hand, mit einem maßgeschneiderten Angebot und einem erfahrenen Team für das jeweilige Projekt zu überzeugen. In diesem Fall ist es uns auch ganz egal, ob das beste Angebot von einer Top-Beratung oder einer kleinen Boutique kommt. Die Qualität ist entscheidend.

*Das heißt, Sie arbeiten mit generalistischen Top-Managementberatungen ebenso zusammen wie mit Spezialisten bzw. Boutiquen für Sonderthemen? Die Platzhirsche dominieren nicht allein?*

Ganz genau. Unsere Erfahrungen gerade auch mit den Boutiquen sind durchweg positiv. Über die genauen Marktanteile zwischen beauftragten Top-Managementberatungen und Boutiquen können wir hier keine genaue Auskunft geben. Aber es entspricht unseren Erfahrungen, dass es bei bestimmten Themen viele gute Spezialisten gibt. Auf diesen Feldern ist nicht die Marke entscheidend, sondern die Personen und ihre Themenkompetenz sind es.

*Wirklich nicht die Marke?*

Natürlich schaffen sich Beratungen eine Marke, von der man dann sagt: diese oder jene Beratung ist gut. Am Namen kann man eine Reputation und eine Affinität für Themen schon festmachen. Aber hinter jeder Beratung stehen immer die Menschen — und die sind entscheidend und eben auch innerhalb von Beratungen verschieden. So können auch hochspezialisierte Boutiquen mit sehr erfahrenen Beratern bei Projekten in der BASF überzeugen.

*Dann hat jede Beratung, die ein tiefes Wissen für ein bestimmtes Thema generiert hat, eine Chance, für BASF zu arbeiten?*

Genau. Sobald es ein Beratungshaus schafft, eine wirklich Kompetenz für ein bestimmtes Fachgebiet aufzubauen und wir eben genau für dieses Thema Unterstützung suchen, hat die Beratung eine gute Chance, mit uns zu arbeiten. Um auch hier immer zu wissen, welche Themen die „wirklichen Pralinen" im Sortiment der einzelnen Häuser sind, stehen wir im regen Austausch mit den Beratungen. Sowohl mit uns bereits bekannten Häusern, aber eben auch mit neuen, uns noch unbekannten Beratungen.

*Sie verfügen also über eine lebende „Liste", bei der nach Themen dynamisch immer neue Beratungshäuser hinzukommen können?*

Exakt. Natürlich bedeutet dies für uns bei der BASF auch einen hohen Aufwand, diese Listen immer aktuell zu halten. Aus unserer Erfahrung ist es das aber wirklich wert. Denn gerade heute in der schnelllebigen Zeit hat Wissen eine sehr kurze Halbwertszeit, und es gibt von Jahr zu Jahr komplett neue Themenfelder. Daher kann es sein, dass ein Beratungshaus ein Jahr lang ein gutes Geschäft mit BASF hat, im darauffolgenden Jahr aber komplett andere Themen in der BASF Gruppe aktuell sind.

*Kommt es auch einmal zu einem Wechsel der Beratung, weil diese in Routine erstarrt ist?*

Auch das haben wir schon erlebt, wenn zu oft das gleiche Beratungshaus zu einem Thema berät. Daher ist es manchmal gut, durch ein anderes Beratungshaus frischen Wind in die BASF zu bringen. Aber grundsätzlich gilt immer: Alle Entscheidung treffen wir immer gemeinsam mit unseren Kollegen, welche später mit dem Beratungshaus arbeiten werden.

*Heißt das, die letztendliche Entscheidung über den Einkauf liegt beim Senior Executive aus dem Bereich, der den Auftrag vergibt?*

Ja, der Senior Executive muss schließlich ein Mandat in Auftrag geben und Vertrauen in die Fähigkeiten des Beraters haben. Im Normalfall ist jedoch das gesamte BASF Projekt-Team in die Beraterauswahl involviert, und es wird gemeinschaftlich ein Beratungshaus ausgewählt. Denn letztendlich sollen alle davon überzeugt sein, dass genau diese Beratung die Richtige für das eigene Projekt ist. Das Einkaufsteam unterstützt diesen Prozess durch das Teilen von Erfahrungswerten aus anderen Projekten, stringente Kriterien, welche zu einer Empfehlung führen, dem geübten Handling der Beratung als auch mit einem neutralen Blick von außen. Nach Betrachtung aller Argumente für und gegen die verschiedenen Beratungshäuser sind sich das BASF Projekt-Team und der Einkäufer in fast allen Fällen auch einig.

*Welche Rolle spielt der Preis einer Beratungsdienstleistung bei der Auswahl von Unternehmensberatungen?*

Wir bringen Beratungshäuser in Wettbewerb, um zum einen zu sehen, welches die geeignetste Beratung ist und selbstverständlich auch darauf zu schauen, dass das Kosten-Nutzen-Verhältnis stimmt. Die Kaufentscheidung ist ökonomisch durchdacht, aber keinesfalls ist es so, dass ein niedriger Preis alleine eine Beratung qualifiziert. Vielmehr ist ein qualifiziertes, passendes Angebot die Hürde, die erste Stufe dafür, dass der Preis überhaupt in die Entscheidung mit einbezogen wird. Zudem müssen klare Richtlinien des Einkaufs nach Compliance-Regeln erfüllt sein, als da sind: Vier-Augen-Prinzip, transparenter Ausschreibungsprozess, klare Leistungsdefinitionen. Bei dem Thema Compliance gibt es bei der BASF keinerlei Graubereiche.

Preise werden in einem zweiten Schritt für jedes Projekt immer individuell mit dem Beratungshaus verhandelt. Rahmenverträge gibt es bei der BASF für Beratungsdienstleistungen im Bereich Management Consulting nicht, und jedes einzelne Projekt wird ausgeschrieben. Dieser zweistufige Einkaufsprozess ermöglicht eine genaue Abwägung zwischen Qualität und Kosten und hat sich in den letzten Jahren im Beratungseinkauf bewährt. Es ist der Kern unseres Systems.

Dieser Prozess wird den Beratungshäusern vor und während einer Ausschreibung transparent dargelegt. Und auch nach einem Prozess kann sich ein jedes Beratungshaus das Feedback erfragen, woran es denn genau gelegen hat, dass man für ein Projekt nicht ausgewählt wurde: am Preis, oder wie in den meisten Fällen, am inhaltlichen Angebot.

*Dieses Wissen über die Auswahl externer Unternehmensberatungen nach inhaltlichen Kriterien ist als System im Inhouse Consulting der BASF Management Consulting gebündelt. Liegt in diesem System der Procurement Consulting Services (PCS), wie Sie es beschrieben haben, gerade eine Besonderheit Ihrer Inhouse-Beratung?*

Wichtig zu erwähnen ist, dass wir eine klare Trennung zwischen den Aktivitäten der Inhouse-Beratung und des Einkaufsteams leben. Die Inhouse-Einheit bietet nicht gegen externe Berater.

BASF hat das existierende Einkaufssystem über Jahre aufgebaut. Dieses System besteht zum einen in der Verankerung des Einkaufsteams in der internen Unternehmensberatung des Unternehmens und beruht auf der Idee, für jedes Projekt den Bedarf auszuschreiben und das passende Beratungshaus zu finden. Zum anderen geht es um einen stark inhaltlich gesteuerten Einkauf dieser Services. Gleichzeitig glauben wir fest, dass man das Beratungshandwerk verstehen muss, um am Ende erfolgreiche Beratungsunterstützung extern einkaufen zu können.

Die Entwicklung dieses Systems war von dem Gründer unserer internen Beratungseinheit, Matthias Werra, maßgeblich beeinflusst. Er war der Initiator dieses Themas, er hat die Idee geboren. Der inhaltlich gesteuerte Einkauf von Beratungsleistung ist integraler Bestandteil unseres Portfolios, seitdem es das Inhouse Consulting der BASF gibt. Dahinter steht sehr viel Erfahrung und ein kontinuierlicher Prozess der Weiterentwicklung.

*Kann dieses System auch für andere interne Inhouse-Beratungen als Vorbild dienen?*

Wir sehen für uns und die BASF-Gruppe überwiegend Vorteile durch diese Struktur. Selbstverständlich kommt es auf die Gegebenheiten in den Inhouse-Beratungen an, ob es Sinn macht, über ein solches System nachzudenken.

*Die Organisation zentraler Einkaufsabteilungen verdeutlicht insgesamt die Gleichstellung von internen und externen Beratungsleistungen. In welchen Fällen wird der internen Beratung von BASF vor den externen Unternehmensberatungen der Vorzug gegeben?*

Es gibt verschiedene Gründe, welche für bzw. gegen den Einsatz von externen Unternehmensberatungen sprechen. Das erste ist das Thema der Vertraulichkeit. Wollen wir etwas nach draußen geben? Wie geschäftskritisch ist das Thema? Hier genießt die Inhouse-Beratung den Vorteil, Teil des Konzerns zu sein und wird daher bei besonders vertraulichen Projekten bevorzugt genutzt. Eine weitere Rolle spielt die Frage der erforderlichen Kompetenzen. Hat die interne Unternehmensberatung die Kompetenz im Haus? Können wir auch wirklich eine gute Leistung abliefern? Selbst wenn die Kompetenzen hierfür eigentlich vorhanden sind, kann es immer sein, dass die internen Berater für das Projekt gerade nicht zur Verfügung stehen. Daher ist es in vielen Fällen gar nicht möglich, dass das Projekt von der internen Beratung unterstützt wird.

Zudem gibt es noch einen weiteren Grund für die Vergabe nach außen, nämlich den Wunsch des BASF Projekt-Teams: Will dieses Unterstützung von BASF-Kollegen oder bevorzugt es die Arbeit mit einem externen Beratungshaus? Ist es für das Projektvorhaben förderlich, einen Blick von außen mitzubringen?

In allen Fällen, wird der Einsatz der internen Unternehmensberatung immer vor einer Ausschreibung geprüft. Dies ist natürlich umso einfacher, als alle Teams — sowohl das Einkaufsteam, als auch die beratenden Teams — in der BASF innerhalb einer Organisation sitzen. So können solche Themen auf kurzem Dienstweg diskutiert werden und es kann eine Empfehlung an die Kollegen im Unternehmensbereich ausgesprochen werden. In den meisten Fällen wird dieser Empfehlung auch gefolgt, und die Kollegen bekommen Unterstützung aus dem eigenen Konzern oder eben bei der Auswahl des geeignetsten Beratungshauses.

*Wie begegnen Sie dem häufig geäußerten Vorwurf möglicher Betriebsblindheit des Inhouse Consulting?*

Die Arbeit und die Herangehensweise unserer internen Berater begegnen diesem Vorurteil immer am besten. Denn unsere Kollegen, welche von externen Beratungen zu uns kommen, aber auch die Kollegen, die direkt nach der Hochschule bei uns starten, bringen externe Sichtweisen mit ein und stellen kritische Fragen. Andererseits hat es oftmals einen großen Mehrwert für ein Projekt, den Konzern gut zu kennen. Wir streben daher einen gesunden Mix zwischen ehemaligen externen Beratern, BASF-Kollegen aus den verschiedensten Fachrichtungen und Hochschulabsolventen mit diversen Praktika bei externen Beratungen und weiteren Industrieunternehmen an. Nichtsdestoweniger ist man natürlich nie gefeit davor, betriebsblind zu werden. Daher gilt es, uns weiterhin stets zu hinterfragen: Macht man eine Sache so, weil man es nicht anders kennt oder gibt es auch andere Lösungen?

Dahinter steht die Aufgabe des Führungsteams der BASF Management Consulting, ein Klima zu schaffen, in dem ein kritisches Durchdenken von Themen gefördert wird. Auch das ist wieder eine Frage der Kultur. Wichtig ist es, Dinge zu durchdenken, am Ball bleiben, kritisch zu bleiben – das ist Kern unserer Einheit: unbequem sein, unbequeme Fragen zu stellen.

*Ist das der Grund dafür, dass Sie einen relativ hohen Anteil von über 40 Prozent an externen Beratern in Ihren eigenen Reihen rekrutiert haben?*

Genau. Dies entspricht dem Gedanken, einen guten Mix im Beraterteam zu schaffen.

*Welche Entwicklungen auf dem Consulting-Markt sehen Sie gegenwärtig, die den Auswahlprozess für Beratungsleistung verändern könnten?*

Wir sehen hier an erster Stelle die Konsolidierung am Beratungsmarkt, die vorangeht. Auch Trainingsplattformen, die das Ziel haben, Themen neu und anders durchzuspielen, gehören zu den spannenden Veränderungen, die momentan am Consultingmarkt stattfinden. Zudem wird die stärker werdende Implementierungsorientierung der Projekte den Markt weiter verändern. So sehen wir bereits jetzt mehr und mehr Beratungen, die großen Wert auf das Thema Wandel, Implementierung und Change Management legen.

*Wie definieren Sie grundsätzlich das Verhältnis zwischen externen und internen Beratern, eher als Konkurrenz oder als eine Ergänzung?*

Das Verhältnis zwischen externen Beratungshäusern und BASF Management Consulting sehen wir als sehr professionell, kollegial und gegenseitig wertschätzend an. Wir wissen, dass die BASF aus diversen Gründen auch externe Beratungshäuser benötigt. Dafür schauen wir, dass wir die Besten der Besten bekommen. Zudem arbeiten wir gelegentlich auch in gemischten Teams, in welchen uns externe Berater unterstützen.

Alles in allem stellen daher externe Beratungshäuser definitiv eine Ergänzung dar und stehen keinesfalls im Konkurrenzkampf mit den internen Beratern.

*Die Fragen stellte Frank Höselbarth.*

# V.
# 16 Porträts der führenden Inhouse-Beratungen von DAX-30-Konzernen und Großunternehmen
## Ein Überblick

Im folgenden Kapitel werden die Inhouse-Beratungen von 14 DAX-30-Konzernen sowie von zwei Großunternehmen vergleichend porträtiert. Im Einzelnen sind es die Profile folgender bedeutender Inhouse-Beratungen:

Allianz Consulting, BASF Management Consulting (ZZC), Bayer Business Consulting, BSH Hausgeräte Inhouse Consulting, Commerz Business Consulting (CBC), Continental Business Consulting, DB Management Consulting, Deutsche Bank Inhouse Consulting, DHL Consulting, Center of Strategic Projects (CSP) der Deutsche Telekom, E.ON Inhouse Consulting (ECON), Merck Inhouse Consulting, RWE Consulting, SAP Productivity Consulting Group, Siemens Management Consulting (SMC) und Volkswagen Consulting.

Alle Porträts sind strukturiert nach 15 übersichtlichen Fragen, die jeweils dem Management der Inhouse-Beratung vorgelegt wurden:

1. Wann wurde Ihre Inhouse-Beratung gegründet?
2. Wieviele/welche Standorte haben Sie in Deutschland und im Ausland?
3. Wie hoch ist der Anteil internationaler Projekte?
4. Wie viele Projekte betreuen Sie im Jahr?
5. Dauer der Projekte?
6. Anteil der Projekte nach Themen (Strategie, Operations, IT, Change)
7. Wie hoch ist der Anteil vorstandsnaher Projekte?
8. Ist Ihre Inhouse-Beratung ein Profitcenter oder Cost-Center?
9. Anzahl Ihrer Berater/innen?
10. Wie ist der Educational Background der Berater/innen?
11. Hierarchiestufen (z.B. Analyst, Consultant, Projektmanager, Partner)
12. Wie ist die Alterszusammensetzung der Berater/innen?
13. Wie hoch ist der Anteil der Frauen?

14. Beraterstruktur? (direkt von Uni, aus externer Beratung und Industrie)
15. Where do Alumni go? (wohin wechseln Ex-Berater?)

Die Antworten auf diese quantitativen Fragen bilden die feste Struktur der Porträts der 16 bedeutenden Inhouse-Beratungen, die sowohl eine empirische Vergleichbarkeit, aber auch ihre eine eigene Individualität zeigen.

Die Porträts werden abgeschlossen mit der Antwort auf die Frage nach der Brand-Aussage der Inhouse-Beratungen. Diese Aussagen über das IHC-Branding sind in individualisierter, freier Form dargestellt. Sie sind entweder in einem auf einen einzigen Satz reduziertes Statement oder auch in etwas ausführlicheren Leitsätzen bis hin zu einer Image-Kampagne oder einer verdichteten brand-value-story dargestellt.

## DAX-30-Konzern: Allianz SE

Name: Allianz Consulting als Teil von Allianz Managed Operations and Services – AMOS

Gründung: 2004 als Allianz Group Business Services, später Allianz Group OPEX, Allianz Consulting seit 2014

Standorte: Headquarter München, ein weiterer Standort in Singapur

Anteil internationaler Projekte: über 80 % der Projekte haben internationalen Charakter, entweder direkt vor Ort oder als internationale Gruppen- bzw. AMOS-Projekte.

Anzahl der Projekte im Jahr: 165 in 2014

Dauer der Projekte: zwei Monate bis zwei Jahre

Anteil der Projekte nach:

| Operations & Claims | IT & Transformation | Market Management & Sales |
|---|---|---|
| 23 % | 30 % | 25 % |

| Central Functions
22 %

Organisation: Profitcenter

Anzahl der Berater: 176 aus 32 Nationen

Educational Background der Berater/innen:

| BWL | Ingenieurswesen | Naturwissenschaften | Informatik | Sonstige |
|---|---|---|---|---|
| 55 % | 5 % | 15 % | 10 % | 10 % |

Hierarchiestufen:

Vier Senioritätsstufen für Berater: Consultant | Senior Consultant | Principal Consultant | Executive Consultant

Parallel drei Management- und Account-Management-Rollen: Engagement Manager | Partner | Managing Partner

Alterszusammensetzung der Berater/innen:

| <30 Jahre | 31–35 Jahre | 36–42 Jahre | > 43 Jahre |
|---|---|---|---|
| 21 % | 26 % | 30 % | 23 % |

Anteil Frauen: 45 Prozent

Beraterstruktur:

direkt von der Uni | aus externer Beratung | aus der Muttergesellschaft

    5 %               35 %                        50 %

| aus der Industrie

    10 %

Where do Alumni go?:

Zu über 90 % in verantwortliche Positionen innerhalb des Allianz Konzerns

Brand-Aussage der Inhouse-Beratung: Deliver impact. Grow People. For Allianz.

Managing Director Gerhard Hastreiter und Jürgen Weber über Vision und Mission von Allianz Consulting:

Our only goal is generating value for Allianz

What makes us different is the unique blend of consulting expertise, practical experience and the commitment to make transformation happen.

The first part is all about *delivery and impact*. We strive for being renowned to make things happen as effectively and efficiently as possible. We do everything it takes to fulfil that promise.

The second part is about *the people working at Allianz Consulting*. We are committed to providing an environment where people grow. This personal development serves the goals of Allianz Consulting and our clients. But we regard individual development and career progress as values per se, based on merit but regardless of short term demand.

Finally, „*For Allianz*". Our sole purpose is serving Allianz. This determines what we do and how we do it. We strive for maximizing impact for Allianz, replicating successful solutions across the Group but also stating our opinion in controversial situations. Our execution style is no-nonsense. We value impact, not paperwork

Our Values:

- Walk the extra mile
- Take responsibility
- Have an opinion
- Embrace our differences
- Desire to develop

# DAX-30-Konzern: BASF SE

Name: BASF Management Consulting (ZZC)

Gründung: 2002

Standorte: Ludwigshafen, Hong Kong (seit 2012)

Anteil internationaler Projekte: ca. 70 Prozent

Anzahl der Projekte im Jahr: ca. 50 Projekte in 2014 (ohne interne Projekte, Procurement Consulting Service (PCS), Market Research und GO-BASF Project Management-Unterstützung)

Dauer der Projekte: durchschnittlich fünf Monate

Anteil der Projekte nach:

Strategy related projects | process change related projects
     15 %                    30 %

| Restructuring/cost reduction related proj.

          10 %

Organizational change related projects | Operations | IT | Sonstige
     30 %                  0 %    0 %   15 %

Anteil vorstandsnaher Projekte: 20 Prozent , jährlich variabel

Organisation: Aufwands-Center, arbeitet kostendeckend

Anzahl der Berater: rund 50 (Berater auf allen Hierarchieebenen), 13 unterschiedliche Nationalitäten; enge Abstimmung zwischen den Offices in Ludwigshafen und Hong Kong; Geschäftssprache Englisch

Educational Background der Berater/innen:

Wirtschaftswissenschaften | Naturwissenschaften | Ingenieurwissenschaften
     75 %              15 %             8 %

| Sonstige
   2 %

Hierarchiestufen: drei, flache Hierarche, Definition nicht über Titel, sondern über die Rolle in den Projekten, hohe Selbständigkeit und Eigeninitiative

Management Consultant (Project Manager & Management Consultant)
| Practice Group Leader | Senior Vice President

4 Practice-Groups:

Post-Merger-Integration | Commercial Excellence | Organizational Excellence
| Change Excellence

Alterszusammensetzung der Berater/innen:

<=30 Jahre | 31–35 Jahre | 36–42 Jahre | > 43 Jahre

  15 %        40 %        25 %        20 %

Anteil Frauen: 42 Prozent

Beraterstruktur:

direkt von der Uni | aus externer Beratung

  5 %                   45 %

                                  | aus der Industrie

                         50 % (davon BASF-intern: 70 % / davon extern: 30 %)

Where do Alumni go?:

> 90 % in Konzern, davon in höhere Positionen: 50 %

< 10 % extern, zu 100 % in externe Beratung

Brand-Aussage der Inhouse-Beratung:

Vision of BASF Management Consulting (ZZC): „BASF Management Consulting is the preferred and trusted partner of all BASF units world-wide for general management questions."

Auftraggeber: ausschließlich Senior Executives

In den Mission-Statements & Non-Negotiables kommt die BMC-Beratungsphilosophie zum Ausdruck.


Mission-Statements:

- We add value to our company by consulting the senior management of the entire BASF Group.
- We create customized and sustainable solutions for our clients.
- We strive to deliver the best consulting services – be they internally provided or externally procured.
- We are a diverse team and care for the further development of its employees.
- The way we work:
- Creating value for BASF is our first priority

- Satisfaction of our clients is our goal
- Speaking with one voice outside BASF Management Consulting is our communication style
- Standing as one team is self-evident
- Living a culture of positive friction, transparency and consistency while leveraging our team's diversity is our way of working; „positive friction"
  (Dafür extra ein Raum eingerichtet wie ein Box-Gym, zum „Klartext reden")

# DAX-30-Konzern: BAYER Aktiengesellschaft

 **Science For A Better Life**

Name: Bayer Business Consulting

Gründung: Die erste Vorläuferversion wurde 1972 ins Leben gerufen. Seitdem gab es eine kontinuierliche Weiterentwicklung

Standorte: Leverkusen und Berlin in Deutschland, internationale Standorte in Morristown und Pittsburgh in den USA, Peking und Schanghai in China, sowie São Paulo in Brasilien

Anteil internationaler Projekte: hoch; allein 70 Mitarbeiter außerhalb Deutschlands angestellt. Alle Projekte sind international aufgestellt und verteilen sich auf die rund 300 Bayer-Gesellschaften in 75 Ländern weltweit.

Anzahl der Projekte im Jahr: >100 in über 40 Ländern weltweit

Dauer der Projekte: abhängig vom Projekttyp durchschnittlich drei bis sechs Monate

Anteil der Projekte nach:

| Strategie | Operations | Organisationsveränderung | IT |
|---|---|---|---|
| 30 % | 40 % | 30 % | keine |

In allen Feldern ist es wichtig, sowohl die Konzeption als auch die Umsetzung zu begleiten.

Anteil vorstandsnaher Projekte: Projekte werden i.d.R. von den ersten drei Führungsebenen des Bayer-Konzerns beauftragt.

Organisation: Profitcenter

Anzahl der Berater: 150 plus rund 50 Praktikanten pro Jahr, 20 Mitarbeiter in unterstützenden Funktionen

Educational Background der Berater/innen:

| Business Adm. | Bio/Chemie | Multiple Studies | Engineering | Nat. Sciences |
|---|---|---|---|---|
| 37 % | 20 % | 15 % | 12 % | 12 % |

| Others |
|---|
| 4 % |

Hierarchiestufen: 6

Consultant | Senior Consultant |Project Manager | Senior Project Manager |Associate Principal | Principal

Alterszusammensetzung der Berater/innen: Altersdurchschnitt ca. 32 Jahre

Anteil Frauen: 45 Prozent

Beraterstruktur:

direkt von der Uni | aus externer Beratung

     45 %                35 %

| aus der Industrie, einschl. eigener Konzern

          20 %

Where do Alumni go?:

Mehr als 80 Prozent bleiben langfristig im Konzern.

Mission der Inhouse-Beratung: Clients. People. Content. Bayer Business Consulting löst für die Bayer-Konzerngesellschaften in aller Welt strategische, organisatorische sowie operative Fragestellungen und gestaltet damit aktiv die Zukunft von Bayer mit.

Vision: Die Managementberatung der Wahl zu sein, wenn es darum geht, nachhaltig Wert für den Bayer-Konzern zu generieren.

## Unternehmen: BSH Hausgeräte GmbH

# B/S/H/

Name: Inhouse Consulting, BSH Hausgeräte GmbH

Gründung: 1995

Standorte: Munich; Nanjing

Anteil internationaler Projekte: 95 % with global impact

Anzahl der Projekte im Jahr: ~40

Dauer der Projekte: ~six months (range from two month – four years)

Anteil der Projekte nach:

Strategy | Organizational | Operations | Other
40 %      30 %      20 %      10 %

Anteil vorstandsnaher Projekte: 70 %

Organisation: Profitcenter

Anzahl der Berater: 21

Educational Background der Berater/innen:

Engineering | Business Administration | Other
37 %      47 %      16 %

Hierarchiestufen:

Two hierarchy levels: „Inhouse Consultants" and „Group Leaders"

Alterszusammensetzung der Berater/innen:

<30 Jahre | 31–35 Jahre | 36–42 Jahre | > 43 Jahre
21 %      58 %      10.5 %      10.5 %

Anteil Frauen: 53 %

Beraterstruktur:

from University/Research Institutes/Business Schools | Internal Changes
26 %      31.5 %

| External consultancies (Accenture, BCG, Roland Berger, McKinsey) | Others
31.5 %      11 %

Where do Alumnis go? (2010–2015):

Internal move 20 %

Internal move with director position 75 %

External move 5 %

Brand-Aussage der Inhouse-Beratung: „We support the professional implementation of the BSH strategy."

Vision and mission:

Our inhouse consulting supports the professional implementation of the BSH Strategy in projects. The basis for the project success is a fair and implementation oriented collaboration of our top consultant team together with the Corporate Areas, Regions, Product Divisions and Brands.We contribute to a sustainable value creation through consequent focus on strategic action fields such as consumer centricity, brand differentiation, digital transition and innovation.

Our team consists of colleagues possessing years of experience inside the corporation and international top consulting firms. Thereby we ensure analytical excellence as well as the BSH relevance of our consulting services. We differ from external consultancies in terms of our wide reaching network inside BSH and our company specific knowledge. In consequence we start productive from day one. For us consulting means more than just concepts. We ensure realization as a team, our clients are our colleagues. Gained knowledge is kept inside BSH and stays available in the long run.

Through our work we develop BSH executives of the future out of our team. Hence our fundamental interest is sustainable project success.

## DAX-30-Konzern: Commerzbank AG

**COMMERZBANK**

Name: Commerz Business Consulting GmbH (CBC)

Gründung: 2003

Standorte: Headoffice Frankfurt am Main. Projekte werden in inländischen und ausländischen Standorten des Konzerns durchgeführt.

Anteil internationaler Projekte: 20–25 Prozent

Anzahl der Projekte im Jahr: 35 in 2014

Dauer der Projekte: variiert stark; im Durchschnitt etwa fünf Monate

Anteil der Projekte nach:

Strategie | Operations | IT | Sonstige

Überwiegend Entwicklung und Umsetzung von Geschäftsmodellen sowie Prozessmanagement, kein IT

Anteil vorstandsnaher Projekte: 100 %

Organisation: als eigene GmbH als Profitcenter

Anzahl der Berater: ~100

Educational Background der Berater/innen:

BWL | VWL | Juristen | Wirtschaftsingenieure

68 %   8 %      8 %                2 %

| Sonstige (Psychologie, Physik, Germanistik, Kunst, Informatik, Philosophie, Kommunikationswissenschaft)

14 %

Hierarchiestufen: sechs

Consultant | Senior Consultant |Project Manager | Senior Project Manager |Principal | Partner

Alterszusammensetzung der Berater/innen:

<30 Jahre | 31–35 Jahre | 36–42 Jahre | > 43 Jahre

45 %       34 %          5 %          16 %

Anteil Frauen: 47 Prozent

Beraterstruktur:

direkt von der Uni | aus externer Beratung | aus Coba | Industrie/andere Banken

| 50 % | 22 % | 16 % | 12 % |

Roland Berger, KPMG, PwC,
Capco, Deloitte, A.T. Kearney

Where do Alumni go?

gut 80 Prozent in den Commerzbank Konzern;

externe Stationen sind: externe Beratungen, WP, Banken, Versicherungen, Sonstiges (Start-up, Industrie, Selbständigkeit)

Brand-Aussage der Inhouse-Beratung:

CBC. Das Inhouse Consulting.

Leistungsversprechen:

Als Inhouse Consulting der Commerzbank gestalten wir gemeinsam mit unseren Auftraggebern die Zukunft des Commerzbank Konzerns.

# DAX-30-Konzern: Continental Aktiengesellschaft

**Continental** 🏇

Name: Continental Business Consulting

Gründung: 1. August 2011; 1. Geschäftsjahr: 2012

Standorte: Regensburg, Frankfurt, Hannover; international: Singapore, Charlotte

Anteil internationaler Projekte: 98 Prozent

Anzahl der Projekte im Jahr: ~ 35

Dauer der Projekte: drei Monate bis fünf Jahre

Anteil der Projekte nach:

Strategie & Markt | Operational Excellence | R&D | Sonstige

   20 %           30 %        45 %   5 %

Anteil vorstandsnaher Projekte: nicht relevant für die Organisation, die als neutrale Serviceorganisation intern wahrgenommen wird; Basis ist die „Balance of Cooperation" (Dezentralitätsansatz des Unternehmens)

5 % vom Vorstand beauftragt, 90 % von Senior Executives, 5 % Sonstige

Anzahl der Berater: ca. 50

Educational Background der Berater/innen:

Wirtschaftsingenieurwesen | Ingenieurwissenschaften | BWL | VWL | Sonstige

    15 %              10 %        9 %   3 %   8 %

Schwerpunkt: Wirtschafts- / Ingenieurwissenschaften / BWL

Breites Ergänzungsspektrum: VWL / Geologie / Geisteswissenschaften, Marketing, Architektur

Alterszusammensetzung der Berater/innen:

<30 Jahre | 31–40 Jahre | > 43 Jahre

  36 %    41 %      23 %

Anteil Frauen: 45 Prozent

Beraterstruktur:

Intern aus der Muttergesellschaft | aus der Industrie

    39 %             6 %

| von externen Beratungen (Hidden champions)

     55 %

Exzellente Mitarbeiter mit vorangegangener Berufserfahrung im Konzern, exzellentem analytischen Verständnis kombiniert mit nachweisbaren Erfolgen im Konzern oder aus herausragenden Schlüsselpositionen kommend mit Nachweis der Leistungsfähigkeit sowie Flexibilität

Where do Alumni go?:

Zurzeit sehr geringe Wechselquote, gewechselt wird mehrheitlich ins Unternehmen, um entsprechende Schlüsselpositionen zu besetzen; CBC wird mehr und mehr als interner Talentpool gesehen (bisher drei Fälle)

Zu externen Unternehmensberatungen (derzeit ein Fall)

Brand-Aussage: The Future in Motion

**Values** der Continental Corporate Business Consulting (CBC):

**Integrity** ... implies honesty, reliability and partner-like collaboration with the client

**Sustainability** ... implies that, next to the conception, we also aim to drive implementation to realize sustainable improvement

**Customer value** ... implies that we elaborate tailor-made excellent solutions that ensure success of our clients

**Mission:**

We manage complexity.

We enable agility.

We keep knowledge within Continental.

We save costs.

We promote entrepreneurship.

We ensure viability.

We trigger innovations.

**Vision 2017**

Quantity:

Organizational set-up of approx. 100 employees

30 m€ sales target dimension

Development 40 % external business

Innovation:

Extension of our R&D leading role internally and externally

Development of Conti-wide value added network in Operations

Role: Serious Service Partner Conti-wide. We'll develop ourselves as a thought leader internally and image representative externally

# Konzern: Deutsche Bahn AG

## *DB Management Consulting*

Name: DB Management Consulting (DB MC)

Gründung: 2003 im Vorstandsressort Personenverkehr, seit 2005 Ausdehnung des Beratungsauftrags auf alle Ressorts der Deutschen Bahn (weltweit)

Standorte: Frankfurt am Main, Berlin

Anteil internationaler Projekte: 19 Prozent

Anzahl der Projekte pro Jahr: 70 (in 2014)

Dauer der Projekte: durchschnittlich 18 Wochen (in 2014)

Anteil der Projekte nach:

| Strategie | Operations | Marketing/Vertrieb |
|-----------|------------|--------------------|
| 38 % | 33 % | 29 % |

Anteil vorstandsnaher Projekte: 80 Prozent

Organisation: Costcenter

Anzahl der Berater: ca. 70

Educational Background der Berater/innen:

| Wirtschaftswissenschaften | Ingenieurwissenschaften | Naturwissenschaften |
|---------------------------|-------------------------|---------------------|
| 69 % | 20,5 % | 9 % |

| Sonstige

   1,5 %

Hierarchiestufen: 6

Analyst | Consultant | Senior Consultant | Manager | Principal | Practice-Leiter

Alterszusammensetzung der Berater/innen:

| <30 Jahre | 31–35 Jahre | 36–42 Jahre | > 43 Jahre |
|-----------|-------------|-------------|------------|
| 22 % | 28 % | 37 % | 13 % |

Anteil Frauen: 19 Prozent

Beraterstruktur:

| direkt von der Uni | aus externer Beratung | aus Industrie & DB |
|--------------------|-----------------------|--------------------|
| 22 % | 57,5 % | 17,5 % |

| Selbständigkeit

   3 %

Wichtigste frühere Arbeitgeber

bei Einstieg aus externer Beratung: McKinsey, A.T. Kearney, Strategy& (ehem. Booz), Bain, ADL, Simon Kucher, Kienbaum

Where do Alumni go? :

73 % DB-interne Wechsel, davon 42 % direkte Wechsel in Führungsfunktionen

27 % DB-externe Wechsel, davon

in andere Unternehmen (16 %), in die Selbständigkeit (8 %) oder in die Promotion (3 %)

### Managing Director Dr. Hartmut Fischer über Vision, Mission und USP von DB Management Consulting

Als interne Topmanagement-Berater gestalten wir die Zukunft der Deutschen Bahn wesentlich mit. Hand in Hand mit Konzernvorständen, Business Unit-Vorständen und deren Direct Reports entwickeln wir wegweisende Lösungen für ihre zentralen Herausforderungen und setzen diese dann wirksam um.

Das Projektportfolio reicht von Geschäfts- und Funktionalstrategien über große Programme zur Ergebnissteigerung und digitale Transformation bis hin zur Optimierung von Produktionssystemen und des globalen Einkaufsvolumens. Die EBIT-Effekte liegen bei zehn bis 100 Millionen Euro pro Jahr.

Wir stehen im direkten und freien Wettbewerb mit externen Top-Beratungen wie McKinsey, Boston Consulting, Roland Berger, A.T. Kearney und Oliver Wyman. In diesem Wettbewerb sind wir erfolgreich: Unsere Kunden geben uns hohe Zufriedenheitsnoten, die Nachfrage übersteigt unsere Kapazität deutlich und bei 35 Prozent Marktanteil sind wir mit Abstand die führende Topmanagement-Beratung bei der DB.

Wie keine andere Unternehmensberatung bietet DB Management Consulting Einblicke in die Welt eines international führenden Mobilitäts- und Logistik-dienstleisters. Bei uns erlebt man die Deutsche Bahn mit ihrer Vielfalt und Dynamik sowie mit ihren strategischen und operativen Herausforderungen hautnah. Die Wirkung der eigenen Beratungsleistung sehen wir aus erster Hand.

Zu Auftraggebern und ihren Mitarbeitern pflegen wir ein professionelles und zugleich kollegiales Verhältnis. Da wir für dasselbe Unternehmen arbeiten, ist die Zusammenarbeit partnerschaftlich und offen und wir ziehen alle am gleichen Strang.

DB Management Consulting gliedert sich in sieben Beratungsfelder (Practices). Die vier funktionalen Practices sind General Management, Marketing & Sales, Operations und Supply Chain Management. Die drei weiteren Practices Personenverkehr, Logistik und Infrastruktur sind auf die jeweiligen DB-Ressorts spezialisiert. Mit diesem Know-how-Mix bieten wir die beste Beratungsleistung für unsere Auftraggeber und zugleich vielfältige Entwicklungswege für unsere Mitarbeiter.

Die Entwicklung unserer Beraterinnen und Berater unterstützen wir systematisch. Auf Basis von gemeinsam festgelegten Entwicklungszielen erhalten sie verantwortungsvolle Aufgaben in ausgewählten Projekten. Dort erfolgt ein intensives Training on the Job mit regelmäßigem Feedback und strukturierten Leistungsbeurteilungen. Für Trainings zu Beratertools, Soft Skills und Fachthemen steht jedem Mitarbeiter jährlich ein hochwertiges Angebot interner und externer Schulungen zur Verfügung. Der Entwicklungspfad bei DB MC verläuft über sechs Karrierestufen vom Analyst bis zum Practice-Leiter. Die Leistung bestimmt, wie schnell der Schritt auf die nächste Stufe erfolgt. Ein „up or out" gibt es nicht. Wer mit seiner Leistung überzeugt, ist im Team gern gesehen.

Zu unseren Aufgaben gehört auch die Entwicklung von Führungsnachwuchskräften für die DB. Den Weg dahin bereiten wir mit gezielten Projekteinsätzen, die tiefe Einblicke in die Wunschbereiche und breite Netzwerke ermöglichen. Den konkreten Wechsel in die Linie ebnen wir mit speziellen, individuell zugeschnittenen Maßnahmen. In aller Regel setzen unsere Mitarbeiter ihre Karriere dann in einer Managementfunktion bei der Deutschen Bahn fort.

Trotz des hohen Leistungsniveaus ist die Work-Life-Balance bei DB Management Consulting besser als in der externen Beratung. In den Projekten wird sie wirksam gesteuert, damit sie im grünen Bereich bleibt. Zudem gibt es drei bis vier Home Office-Tage pro Monat. Sabbaticals bieten wir allen Mitarbeitern an und werden ebenso wie Elternzeiten gerne in Anspruch genommen. Soziales Engagement unterstützen wir auf Wunsch mit bis zu drei bezahlten Urlaubstagen pro Jahr.

# DAX-30-Konzern: Deutsche Bank Aktiengesellschaft

Name: Deutsche Bank Inhouse Consulting

Gründung: Vor über 15 Jahren gegründet, trägt Deutsche Bank Inhouse Consulting seinen heutigen Namen seit 2006. Standorte: Frankfurt am Main sowie derzeit zwei Auslandsbüros in London und in Singapur.

Anteil internationaler Projekte: Etwa 60 Prozent der Projekte sind mit internationalen Mitarbeitern besetzt, hat einen Auftraggeber im Ausland oder involviert die Auslandsbüros von Deutsche Bank Inhouse Consulting.

Anzahl der Projekte im Jahr: zwischen 35 und 40 Projekte – Tendenz steigend

Dauer der Projekte: Die Projekte sind meist nach fünf bis sechs Monaten beendet. Darüber hinaus gibt es ca. 15–20 % Langzeitprojekte (länger als 18 Monate).

Anteil der Projekte nach:

Strategy Consulting: 35 %

Business Consulting: 65 %

Anteil vorstandsnaher Projekte: Aktuell bei rund 70 %

Organisation: Costcenter

Anzahl der Berater: 110 Berater/innen

Educational Background der Berater/innen:

Business Administration (incl. Engineering (incl. Chemical Management and Strategy)| Economics | Finance | Industry & Business Engineering | Others

| 62 % | 6 % | 7 % | 10 % | 15 % |
|---|---|---|---|---|

Hierarchiestufen: sieben

Junior Consultant | Consultant |Senior Consultant | Project Manager | Senior Project Manager | Director |Managing Director

Alterszusammensetzung der Berater/innen:

<30 Jahre | 31–35 Jahre | 36–42 Jahre | > 43 Jahre

| 39 % | 29 % | 11 % | 21 % |
|---|---|---|---|

Anteil Frauen: 40 % der Consultants sind Beraterinnen.

Beraterstruktur:

**Professional Background**

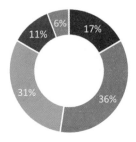

- Deutsche Bank
- Consulting
- University
- Financial Services / Insurance
- Other Industries

Where do Alumnis go? (in Prozent 01/2013–03/2015):

Deutsche Bank internal move: 63 %

External move to other companies: 37 %

Vision und Value Proposition der Inhouse-Beratung:

Vision: We work with senior management to operationalise and execute the strategy of the Bank. We are partner of choice for Deutsche Bank's Business Divisions, Infrastructure Functions and Regional Management in questions of strategy operationalisation and execution.

Value Proposition: Our project teams take responsibility for leading and executing high impact strategic initiatives, in partnership with all stakeholders. We provide management consulting expertise, in-depth Deutsche Bank knowledge, cross-divisional perspectives and alignment to the strategy of the Bank.

# DAX-30-Konzern: Deutsche Post Aktiengesellschaft

## Deutsche Post DHL Group

Name: DHL Consulting

Gründung: 1999

Standorte: Bonn; internationale Standorte in Plantation bei Miami/USA, Shanghai und Singapore

Anteil internationaler Projekte: 40 Prozent

Anzahl der Projekte im Jahr: ca. 80

Dauer der Projekte: zwei bis sechs Monate

Anteil der Projekte nach:

| Strategy related projects | Process change | Restructuring/cost reduction |
|---|---|---|
| 20 % | 10 % | 20 % |

| IT related projects

20 %

Organizational change related projects |

20 %

| Innovation related projects/product development |

10 %

Anteil vorstandsnaher Projekte: 40 Prozent

Organisation: Profitcenter

Anzahl der Berater: ca. 100

Educational Background der Berater/innen:

| BWL und VWL | Ingenieure | Naturwissenschaftler | Sozialwissenschaftler |
|---|---|---|---|
| 67 % | 8 % | 8 % | 5 % |

| Sonstige

11 %

Hierarchiestufen: sechs

Associate Consultant | Consultant |Senior Consultant | Project Manager | Associate Partner | Partner

Alterszusammensetzung der Berater/innen:

<30 Jahre | 30–35 Jahre | 35–40 Jahre | > 43 Jahre

   53 %       28 %          12 %         7 %

Anteil Frauen: 30 Prozent

Beraterstruktur:

  Direkt von der Uni | von externen Beratungen

        80 %               10 %

| mit Berufserfahrung außerhalb der Beratung

                10 %

Where do Alumni go? :

Innerhalb des Konzerns: 65 %

zu anderen strategischen Beratungen: 20 %

zu anderen Firmen: 15 %

# *DHL*CONSULTING

Brand-Aussage: DPDHL – CONNECTING PEOPLE. IMPROVING LIVES.

Vision/Mission:

Through our insights, we enable our clients to solve business challenges

We make a difference through our objectivity, collaboration and drive

# DAX-30-Konzern: Deutsche Telekom AG

**·T· ■ ■** ERLEBEN, WAS VERBINDET.

Name: Center of Strategic Projects (CSP)

Gründung:

1997: Erste Stufe als reine Inhouse Consulting-Organisation

2005: zweite Stufe als Transformations-Organisation für den Umbau des Konzerns (Inhouse Consulting-basiert)

Standort: Bonn; keine expliziten Standorte im Ausland (Entsendung von Mitarbeitern in die Büros des Konzerns im Ausland)

Anteil internationaler Projekte: 30 Prozent Anteil cross-nationaler Projekte

Anzahl der Projekte im Jahr: 20 bis 25 im Jahresdurchschnitt

Dauer der Projekte: sechs Wochen bis neun Monate

Anteil der Projekte nach:

| Strategie | Operations & Transformation |
|---|---|
| 35 % | 65 % |

Anteil vorstandsnaher Projekte: 80 Prozent

Organisation: Costcenter

Anzahl der Berater: 70

Educational Background der Berater/innen:

| BWL | Ingenieurswesen | Naturwissenschaften | IT |
|---|---|---|---|
| 65 % | 15 % | 10 % | 10 % |

Hierarchiestufen: fünf

Analyst | Associate | Manager | Senior Manager | Practice Leader

Alterszusammensetzung der Berater/innen:

| <30 Jahre | 31–35 Jahre | 36–42 Jahre | > 43 Jahre |
|---|---|---|---|
| 40 % | 22 % | 22 % | 16 % |

Anteil Frauen: 45 Prozent

Beraterstruktur:

Direkteinstieg (max. 2 Jahre Berufserfahrung) | aus Industrie und Konzern
                    30 %                                                    40 %

| aus externer Beratung

            30 %

Where do Alumni go? :

Führungsposition im Konzern: 50 %

Mitarbeiterposition im Konzern: 45 %

Extern: 5 %

Brand-Aussage der Inhouse-Beratung: im Innenverhältnis des Konzerns „Zukunft beginnt mit Veränderung – wir gestalten Veränderung"

CSP-Vision /mission statements:

„We shape Deutsche Telekom's Transformation!"

• We contribute to and push the continuous transformation of Deutsche Telekom by providing professional conceptual and project management services of the highest quality. Our work focuses on core Group-strategic issues – to ensure a successful future for the Group.

• We develop our employees systematically – to make them ready for future management challenges!

## DAX-30-Konzern: E.ON SE

Name: E.ON Inhouse Consulting GmbH (ECON)

Gründung: 1995

Standort: Essen

Anteil internationaler Projekte: ca.30 %

Anzahl der Projekte im Jahr:

2013: 50 Projekte

2014: 40 Projekte

Dauer der Projekte: Die Projektdauer variiert zwischen sechs Wochen und 18 Monaten.

Anteil vorstandsnaher Projekte: 80 %

Organisation: Profitcenter

Anzahl der Berater: 87

Akademischer Background der Berater/innen:

■ Wirtschaftswissenschaften ■ Ingenieurswissenschaften ■ Naturwissenschaften

Hierarchiestufen: sechs

Visiting Consultant (Intern) | Project Consultant | Senior Project Consultant | Project Manager | Principal | Management Team Member

Altersstruktur der Berater/innen:

<30 Jahre | 31–35 Jahre | 36–42 Jahre | > 43 Jahre

54 %     26 %      14 %      6 %

Anteil Frauen: 25 %

Beraterstruktur:

■ Industrie  ■ Universität  ■ Consulting

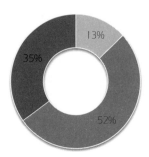

Frühere Arbeitgeber unserer Berater mit Berufserfahrung:

- McKinsey & Company
- Boston Consulting Group
- Strategy& (vorher: Booz & Company)
- Bain & Company
- A.T. Kearney
- Andere internationale Strategieberatungen

Wohin wechseln ehemalige Mitarbeiter der E.ON Inhouse Consulting (Alumni):

E.ON Konzern: 60 %

Externe Beratung: 10 %

Extern: 30 %

Brand-Aussage der Inhouse-Beratung:

E.ON Inhouse Consulting – Rethinking Energy

E.ON Inhouse Consulting (ECON) ist die interne Managementberatung des E.ON-Konzerns mit Unternehmenssitz in Essen. Mit einem starken Team von mehr als 80 Beratern zählen wir zu einer der führenden internen Management-Beratungsgesellschaften Europas.

ECON ist auf allen Konzernebenen vernetzt und gilt als Denk- und Umsetzungs-partner für das E.ON-Management. Unser Fokus liegt darauf, in enger Zusam-menarbeit mit unseren Konzerngesellschaften einen messbaren, nachhaltigen Mehrwert für E.ON zu erzeugen.

Hierbei lösen wir die komplexesten Aufgaben des Energiemarktes – für unsere Kunden und Kollegen. Der Vorstand und die Führungskräfte von E.ON vertrauen uns die wichtigsten Themen des Konzerns an – von der Strategieentwicklung bis zur Umsetzung. Dabei betreuen wir alle Geschäftsbereiche von der Erzeugung bis zum Vertrieb und Netzbetrieb.

Unser Projektportfolio ist breit gefächert bezüglich Aufgabengebiete, Geschäftsbereiche, Themen und Laufzeiten. Die Laufzeit der Projekte variiert zwischen sechs Wochen bis hin zu 18 Monaten, wobei spätestens alle sechs bis neun Monate eine Jobrotation der Berater stattfindet. Unsere Projekte sind hauptsächlich im Rhein-Ruhr-Gebiet angesiedelt, aber auch in anderen deutschen Regionen und Europa (z.B. Großbritannien, Schweden, Niederlande, oder Tschechien) sind wir aktiv.

Darüber hinaus versteht sich ECON als Management-Nachwuchsschmiede des E.ON-Konzerns. Durch kontinuierliche Weiterbildung und intensives Coaching, aber vor allem durch anspruchsvolle Projekte auf Top Managementberatungs-Niveau, entwickeln wir unsere Berater weiter. Anhand regelmäßiger, detaillierter Projektreviews erkennen unsere Berater Stärken und Entwicklungsfelder und können diese gezielt angehen. Sie haben Einblick in alle Bereiche des E.ON Konzerns und damit die Möglichkeit, vielfältige Erfahrungen zu sammeln sowie ein großes Netzwerk aufzubauen.

Die Kombination aus Beratungsexpertise und Konzernerfahrung bietet ein großes Spektrum an Optionen, sich schnell weiterzuentwickeln. Damit bereiten wir unsere Berater umfassend auf eine Führungsaufgabe im Konzern vor.

Neben spannenden Projekten und hervorragenden Entwicklungsmöglichkeiten bietet ECON eine außergewöhnliche Unternehmenskultur. Was sie auszeichnet? Ein inspirierendes Arbeitsumfeld sowie ein außergewöhnlicher Teamspirit – geprägt durch Heterogenität, Internationalität und Interdisziplinarität. In unseren Teams arbeiten Berater mit unterschiedlichem akademischen Hintergrund und fachlicher Expertise. Dabei werden gegenseitige Unterstützung, ein intensiver Wissens- und Erfahrungsaustausch, aber auch eine nachhaltige Work-Life-Balance bei uns groß geschrieben.

## DAX-30-Konzern: Merck KGaA

Name: Merck Inhouse Consulting

Gründung: Merck Inhouse Consulting wurde im Jahr 2001 durch den heutigen Leiter Hans-Jürgen Müller gegründet. Ein Motiv der Gründung war – neben dem Gedanken der Talententwicklung – die Idee, dass interne Berater zahlreiche Stärken vereinen: So benötigen sie weniger Einarbeitungszeit, da sie mit der Kultur des Konzerns bereits vertraut sind, sie können ihr Netzwerk nutzen, um die richtige Expertise in den Projekten sicherzustellen, und sie führen die Implementierung beschlossener Strategien sehr konsequent aus.

Standorte: Konzernzentrale in Darmstadt und vertreten in Boston / USA

Anteil internationaler Projekte: hoch, da der Konzern mit über 39.000 Mitarbeitern in 66 Ländern vertreten ist. Diese Internationalität spiegelt sich auch im Team von Merck Inhouse Consulting wider, das sich aus Mitgliedern aus über 10 verschiedenen Ländern und Kulturen zusammensetzt.

Anzahl der Projekte im Jahr: Pro Jahr werden mehr als 100 Projekte unterstützt. Die meisten Projekte werden im größten Unternehmensbereich Healthcare durchgeführt (etwa die Hälfte), gefolgt von Life Science sowie Performance Materials (etwa ein Drittel) und den Merck Gruppenfunktionen (etwa ein Sechstel).

Dauer der Projekte: variiert, wobei zahlreiche Projekte etwa drei Monate dauern. Es gibt jedoch auch kürzere oder längere Projekte. Grundsätzlich arbeiten die Teammitglieder an mehreren Projekten parallel, um möglichst viele verschiedene Erfahrungen zu sammeln.

Art der Projekte: Die Art der Projekte ist vielfältig und wird stark von den jeweils aktuellen Bedürfnissen des Business geprägt. Grundsätzlich lassen sich die Projekte gliedern in Strategie & Implementierung, Operations (Prozesse & Effizienz), aber auch Integration & Alignment, was vor dem Hintergrund zahlreicher Übernahmen der vergangenen Jahre an Bedeutung gewonnen hat. Zudem werden Projekte im Bereich Innovation & Business Development sowie Organization

Development & Change durchgeführt. Generell wird auch Unterstützung im Bereich Projektmanagement angeboten.

Anteil vorstandsnaher Projekte: Der Großteil der Projekte wird global, regional und lokal vom Top und Senior Management unterschiedlicher Unternehmensbereiche und Geschäftseinheiten gesponsert.

Organisation: Costcenter; Beratungsleistungen werden an die internen Kunden verrechnet, um kostendeckend zu arbeiten.

Anzahl der Berater: über 50 Teammitglieder mit unterschiedlichsten akademischen und beruflichen Hintergründen, die interdisziplinär an Projekten zusammenarbeiten.

Educational Background der Berater/innen: Der akademische Hintergrund ist geprägt von hoher Vielseitigkeit: die Mehrheit entstammt dem naturwissenschaftlichen/technischen Bereich (Biochemie, Chemie, Biotechnologie, Molekularmedizin), gefolgt von wirtschaftswissenschaftlichen Fächern (Betriebswirtschaftslehre, Volkswirtschaftslehre) sowie der Mathematik und dem Ingenieurswesen.

Hierarchiestufen: Auf starre Hierarchiestufen wird bei Merck Inhouse Consulting bewusst verzichtet, um die Projektarbeit flexibel gestalten zu können. Insgesamt wird auf Teamarbeit sehr viel Wert gelegt.

Alterszusammensetzung der Berater/innen:

<30 Jahre | 31–35 Jahre | 36–42 Jahre | > 43 Jahre

45 %      25 %      20 %      10 %

Anteil Frauen: Der Frauenanteil bei Merck Inhouse Consulting beträgt etwa ein Drittel. Insgesamt sind im Merck-Konzern über ein Viertel der Führungspositionen mit Frauen besetzt.

Beraterstruktur: Die Berater weisen zum Großteil mehrjährige Berufserfahrung aus externen Beratungen (z.B. BCG, IMS Health, McKinsey, Roland Berger Strategy Consultants) oder der chemischen bzw. pharmazeutischen Industrie (z.B. Roche/Genentech oder Qiagen) auf. Berater ohne Berufserfahrung kommen direkt von der Universität oder von dem Institut, an dem sie ihre Promotion durchgeführt haben und durchlaufen ein zweijähriges Global Graduate Program (GGP). Voraussetzung, um dieses absolvieren zu können, ist eine Doppelqualifikation in einer natur- und wirtschaftswissenschaftlichen Fachrichtung. Als Abschluss muss mindestens ein Master erworben sein. Einige Graduates haben vorher ein Praktikum bei Merck Inhouse Consulting absolviert und haben so die Arbeit in strategischen und operativen Projekten bereits als Teammitglied kennengelernt.

Where do Alumni go? :

Bis auf ganz wenige Ausnahmen entscheiden sich die Ex-Berater des Inhouse Consulting für eine Karriere im Merck-Konzern. Alumni übernehmen Positionen in allen Funktions- und Unternehmens-bereichen, d.h. Healthcare, Life Science und Performance Materials sowie in den Gruppenfunktionen (Finance sowie HR). Die hohe Übernahmequote in den Konzern ist das Ergebnis des von der Geschäftsleitung formulierten Doppelauftrags, sowohl hochqualifizierte Beratungsleistungen für die Merck-Gruppe zu erbringen, als auch bewusst Führungs- und Nachwuchskräfte für den Konzern zu entwickeln.

Brand-Aussage: Living Innovation

## DAX-30-Konzern: RWE Aktiengesellschaft

# VO**RWE**G GEHEN

Name: RWE Consulting

Gründung: 1981

Standorte: Essen, Berlin, Frankfurt, München, international: London, Den Bosch, Prag, Dubai

Anteil der internationalen Projekte: 45 %

Anzahl der Projekte im Jahr: 160

Dauer der Projekte: drei bis sechs Monate

Anteil vorstandsnaher Projekte: RWE ist an neun von zehn Top-Konzernprojekten beteiligt

Organisation: Profitcenter

Anzahl der Berater: ca. 100

Educational Background der Berater/innen:

| Economics | Engineering | Computer Science | Corporate Law | Sonstige |
|-----------|-------------|------------------|---------------|----------|
| 67 % | 23 % | 5 % | 3 % | 2 % |

Hierarchiestufen: fünf

Consultant | Senior Consultant |Senior Consultant Project Lead | Managing Consultant | Partner

Alterszusammensetzung der Berater/innen:

| <30 Jahre | 31–35 Jahre | 36–42 Jahre | > 43 Jahre |
|-----------|-------------|-------------|------------|
| 40 % | 28 % | 17 % | 15 % |

Anteil Frauen: 21 Prozent

Beraterstruktur:

| direkt von der Uni | aus externer Beratung | aus der Industrie |
|--------------------|-----------------------|-------------------|
| 45 % | 35 % | 20 % |

Where do Alumni go? :

| in RWE Konzern| in externe Beratung| in Industrie | Selbständigkeit |
|---------------|--------------------|--------------|-----------------|
| 64 % | 14 % | 17 % | 5 % |

Brand-Aussage: VORWEG GEHEN

RWE Consulting bietet Mitarbeit und Lernen in einem der vermutlich interessantesten Projekte, das es je in Deutschland gegeben hat: Den Transformations-

Prozess von RWE anzugehen und damit Teil der deutschen Energiewende zu werden.

Gegenüber unseren Kunden steht RWE Consulting für:

DELIVER – DEVELOP – SAVE:

Wir LIEFERN hervorragende Projektqualität an den RWE Konzern

Wir ENTWICKELN erfolgreiche Manager für den RWE Konzern

Wir SICHERN Werte und Wissen für den RWE Konzern


Recruiting-Message:

Image-Kampagne „Jede Zeit hat ihre grosse Aufgabe"

Die Energiewende. Mehr Herausforderung geht nicht.

JEDE ZEIT HAT

# IHRE GROSSE
# AUFGABE

## DIE ENERGIEWENDE. MEHR HERAUSFORDERUNG GEHT NICHT.

Wollen auch Sie Ziele erreichen, die zuvor undenkbar schienen? Dann prägen Sie die
Transformation des Energiemarktes nachhaltig mit: als Inhouse-Berater bei RWE Consulting.

Nehmen Sie die Herausforderung an? Dann erwarten wir Sie auf

> www.rwe-consulting.com/die-aufgabe

VORWEG GEHEN

# JEDE ZEIT HAT
# IHRE GROSSE
# AUFGABE

## DIE ENERGIEWENDE. MEHR HERAUSFORDERUNG GEHT NICH

Wollen auch Sie Spuren hinterlassen, die länger bleiben? Dann prägen Sie die Transformation des Energiemarktes nachhaltig mit: als Inhouse-Berater bei RWE Consulting.

Nehmen Sie die Herausforderung an? Dann erwarten wir Sie auf

> www.rwe-consulting.com/die-aufgabe

VORWEG GEHEN

# DAX-30-Konzern: SAP SE

Name: SAP Productivity Consulting Group

Gründung: 2011

Standorte: Walldorf, Shanghai, Bangalore (India), Palo Alto (US), Newtown Square (US)

Anteil internationaler Projekte: 90 Prozent

Anzahl der Projekte im Jahr: > 100

Dauer der Projekte: drei bis sechs Monate

Anteil der Projekte nach:

Strategic | Operations (Services)

  40 %           60 %

Anteil vorstandsnaher Projekte: 30 Prozent

Organisation: Costcenter

Anzahl der Berater: 70

Educational Background der Berater/innen:

Business Administration (BWL) | Economics (VWL) | Engineering | Science

      35 %                 15 %            15 %      20 %

| Others

  15 %

Hierarchiestufen: vier

Associate | Specialist | Senior | Chief

Alterszusammensetzung der Berater/innen:

<30 Jahre | 31–35 Jahre | 36–42 Jahre | > 43 Jahre

  10 %      10 %        27 %        49 %

Durchschnitt: 36–42 Jahre

Anteil Frauen: 30 Prozent

Beraterstruktur:

other SAP department | other Consulting Company | direct from University

      80 %                10 %               10 %

Professional Experiance: > 5 years

Where do Alumni go? :

other departement (higher carrier level): 50 %

other department (peer level): 50 %

other company: /

other consulting company: /

Brand-Aussage der Inhouse-Beratung:

**SAP Productivity Consulting Group (PCG)**

**„A Passion for Simplicity, A Promise of Value"**

* The Productivity Consulting Group (PCG) is a group of SAP experienced consultants under SAP COO in the Area of „Business Innovation and IT", mandated to drive simplicity inside SAP on behalf of their customers.
* PCG provides the **Process Infrastructure** to run Corporate Business Process Management and Idea Management as well as **Improvement Services,** which can be either strategic programs or standardized formats from a service catalog.
* With broad SAP knowledge as well as extensive industry experience PCG provides an **objective Outside-In perspective** on the business and generates value by breaking down complexity across functional groups. Starting from initial analysis, through the concept and pilot phase all the way to training and enablement support.

SAP Productivity Consulting Group

Brand-value-story „A Passion for simplicity, a promise of value"

Seit über 40 Jahren entwickelt SAP Lösungen, um Kunden die Beherrschung ihrer Geschäftsprozesse zu ermöglichen. So entstehen Technologien, die es Unternehmen und Organisationen möglich machen, Prozesse neu zu definieren und gleichzeitig für innovative Kräfte freizusetzen.

So ist die In-Memory-Plattform SAP HANA nicht nur in der Lage, riesige Informationsmengen produktiver zu verarbeiten, sondern als offene Plattform neue Anwendungen reibungslos zu integrieren und trägt damit entscheidend zur Vereinfachung technologischer Infrastruktur bei.

Um schneller und einfacher innovative Lösungen zu entwickeln und an über 260.000 Kunden zu liefern, hat SAP 2008 begonnen, die Forschungs- und Entwicklungsprozesse von komplexen, statischen Projektmethoden auf agile, einfachere Prozesse umzustellen und konnte dabei die Durchlaufzeit der Innovationszyklen halbieren.

Basierend auf den Erfahrungen einer in diesem Umfang einzigartigen Transformation und Optimierung einer globalen Firma bestehend aus Wissensarbeitern ohne ein physisches Produkt wurde die SAP Productivity Consulting Group (PCG) gegründet. Das Motto der Productivity Consulting Group (PCG): „A Passion for simplicity, a promise of value".

PCG unterstützt alle Bereiche der Firma, um Abläufe und Strukturen im Interesse der Kunden und Partner zu vereinfachen. Ein besonderer Fokus liegt dabei auf Prozessen, die eine erhöhte Innovationsgeschwindigkeit ermöglichen und neue Geschäftsmodelle wie z.B. Cloud-Computing unterstützen. So werden jedes Jahr über 100 Projekte mit direktem Bezug zur Geschäftsstrategie durchgeführt. Das Spektrum reicht dabei von kleinen „Spot Services" zu großen strategischen Programmen. Genauso wichtig wie die direkte Verbindung von Projekten zur Geschäftsstrategie sind jedoch auch Optimierungsprojekte mit direktem Bezug zum täglichen Arbeitsumfeld der Mitarbeiter. Zusätzlich verantwortet PCG auch die Infrastruktur für das unternehmensweite Prozessmanagement und leitet das Ideenmanagement der SAP.

Somit kann PGG eine einmalige Verbindung aus strategischen, vorstandsabgestimmten Initiativen mit mitarbeiterbezogenen Projekten und der konzernweitern Prozess-Infrastruktur eingehen, um interne Abläufe einfacher und produktiver zu gestalten. Die dabei gewonnenen Einblicke machen die PCG Berater zu weithin anerkannten Experten und Ideengebern.

PCG versteht sich dabei als Dienstleiter. Im Laufe der Zeit wurde ein Servicekatalog und ein Transformationsansatz entwickelt, der über klassische Prozessoptimierung basierend auf Lean Management hinausgeht und mit innovativen Methoden wie Design Think verbindet, um für eine Welt vernetzter Wissensarbeit geeignet zu sein.

Im Servicekatalog sind standardisierte Optimierungsformate von der Prozessoptimierung über Rollen, Verantwortlichkeiten und Organisationsstrukturen bis zur Optimierung von Geschäftsmodellen und Datenflüssen sowie Führungskräftetraining zum Aufbau eines eigenständigen kontinuierlichen Verbesserungsprozesses beschrieben.

Dabei wird zwischen kleinen Projekten (ein bis zwei Wochen) zum Erreichen von Transparenz und zur Ermittlung von Verbesserungspotentialen und Projekten mit umfangreichen Analysen und Umsetzung der Änderungen und Transformationen mit Ausbildung der Mitarbeiter und nachhaltigem Aufbau einer eigenständigen kontinuierlichen Verbesserungsorganisation unterschieden.

Die standardisierte Abwicklung der Services erleichtert die Ausbildung der eigenen Mitarbeiter. Sie hilft auch wesentlich dabei, dass messbare Ergebnisse erzielt werden und vereinfacht die Zusammenarbeit mit den internen Kunden.

Die Zusammenarbeit der einzelnen Geschäftsbereiche und Organisationen mit PCG ist grundsätzlich freiwillig, es erfolgt auch keine interne Verrechnung der Kosten. Es besteht jedoch eine intensive Pflicht zur Mitarbeit und Umsetzung von Ergebnissen. Projekte werden paritätisch vom jeweiligen Fachbereich und PCG (1:1," you bring one.- we bring one" ) mit Mitarbeitern besetzt und durch zwei Co-Projektleiter durchgeführt. Ergebnisse werden hinsichtlich Return-on-Investment quantifiziert und ein „Net Promotor Score" erfragt. Die Standardisierung der Formate, die paritätische Besetzung und die Ergebnismessung führen zu einer intensiven Mitarbeit der Bereiche und vermeidet, dass die Nutzung der nicht verrechneten Serviceangebote von PCG für eigene Interessen der Bereiche ausgenutzt werden. Der Kosten-Nutzen-Faktor liegt in der Regel bei über 1:20 und der Net Promotor Score bei 6.4 (auf der Skala von 1–7).

Zur Prozess-Infrastruktur gehört die Verwaltung und Steuerung der SAP Prozesslandkarte, die Bereitstellung der Prozessmodellierungslandschaft, die Ausbildung von Prozessmanagern und die Entwicklung und Kontrolle des selbstentwickelten Prozess-Reifegradmodells. Auch hier steht Einfachheit und Effizienz im Vordergrund. So wurde z.B. für die Prozessmodellierung die Verwendung der BPMN-Symbolik auf elf Symbole eingeschränkt. Großer Wert wird dabei auf die Unterstützung und Kommunikation mit den Prozessverantwortlichen gelegt. Neben regelmäßiger Kommunikation wird zweimal jährlich ein interner Prozess-Summit veranstaltet. Neben dem Austausch von internen Best Practices werden dazu auch externe Vorträge aus Forschung, Lehre oder anderen Unternehmen angeboten. Die Teilnehmer des Prozess-Summit wählen aus ausgewählten Kurzvorträgen von Prozessverantwortlichen die Gewinner des „Process Exellence Awards".

Jeder Mitarbeiter der SAP kann über das Ideen-Managementsystem seine Ideen zur Verbesserung interner Abläufe, der Erhöhung der Sicherheit und Motivation von Mitarbeitern, zur Förderung der kulturellen Vielfalt (Diversity) oder Steigerung der Innovationsfähigkeit einreichen. PCG stellt sicher, dass alle Ideen von entsprechenden Experten begutachtet werden, die Ideen gegebenenfalls umgesetzt werden und die Mitarbeiter entsprechendes Feedback und Vergütungen erhalten.

Organisatorisch ist PCG im Bereich des SAP Chief Operation Officer (COO) angesiedelt. Das Themenportfolio leitet sich so auch direkt aus der Geschäftsstrategie der Gesamtfirma ab und wird regelmäßig mit dem COO-Netzwerk aus den verschiedenen Vorstandsbereichen abgestimmt. Über die Bündelung im Bereich „Business Innovation and IT" ist zudem auch eine enge Verzahnung mit den IT-Projekten und Innovationen sichergestellt.

Die Rekrutierung der knapp 80 Berater findet fast ausschließlich intern aus Mitarbeitern mit langjähriger Berufserfahrung innerhalb der unterschiedlichsten Bereiche des Unternehmens statt, wie auch die überwiegende Zahl der Alumni im Unternehmen verbleibt. Mindestens 80 Prozent der Kapazität wird direkt in Projekten entsprechend dem Servicekatalog und ausgewählten strategischen Projekten verwendet. Für die Prozessinfrastruktur und das Ideenmanagement verbleiben 20 Prozent.

Der größte Teil der Mitarbeiter befindet sich am Stammsitz in Walldorf. In den wichtigsten Standorten in China, Indien und Nordamerika gibt es eine kleinere Gruppe, um Projekte direkt vor Ort besser zu unterstützen.

Die langjährige Berufserfahrung in den verschiedensten Bereichen ermöglicht den PCG-Beratern eine objektive, übergreifende und neutrale Sicht auf Projekte im Sinne der Unternehmensstrategie. Die Möglichkeit in allen Bereichen des Unternehmens Projekte durchzuführen, zusammen mit umfangreichen Weiterbildungsmöglichkeiten macht PCG zu einem sehr attraktiven Arbeitsplatz und bietet die Möglichkeit ein umfangreiches internes Netzwerk ständig auszubauen. Zusätzlich erfolgt ein intensiver Austausch mit anderen Unternehmen zu Themen wie BPM, BPM-Tools, innovativen Optimierungsmethoden außerhalb klassischer Produktion, LEAN, Agilen Entwicklungs- und Innovationsprozessen und Corporate Idea Management. Dabei werden auch Kunden direkt unterstützt, ähnliche Bereiche und Strukturen entsprechend dem Vorgehensmodell der SAP Productivity Consulting Group aufzusetzen.

Jörg Wacker, SAP Productivity Consulting Group

# SIEMENS

Name: Siemens Management Consulting (SMC)

Gründung: 1996

Standorte: Zentrale in München; internationale Standorte in Peking und Mumbai

Anteil internationaler Projekte: Circa 40 Prozent der Projekte werden im Ausland durchgeführt; auch die in Deutschland stattfindenden Projekte haben fast immer einen globalen Bezug und sind mit internationalen Teams besetzt.

Anzahl der Projekte im Jahr: 70 bis 80

Dauer der Projekte: 80 % der Projekte dauern zwischen drei und fünf Monaten. Es gibt auch deutlich länger laufende Projekte, bei denen die SMC-„People Mission" (s.u.) durch rollierende Besetzung der Teams verwirklicht wird.

Anteil der Projekte nach Themen: Schwankt über die Jahre nach Themen, die jeweils für den Konzern wichtig sind. Top-Themen in der Reihenfolge des aktuellen Anteils: M&A, Strategie, Transformation, Benchmarking, Sales & Growth, Operations. Keine IT-Projekte, keine Prozessberatung.

Anteil vorstandsnaher Projekte: 20 Prozent der Projekte sind direkt von Vorstandsmitgliedern beauftragt. Ansonsten Beauftragung durch das weitere Top-Management des Siemens Konzerns, d.h. durch Divisions- bzw. Business-Unit-Leiter oder die Leitung der internationalen Regionen.

Organisation: Profitcenter

Anzahl der Berater: 110

Educational Background der Berater/innen:

| BWL | (Wirtschafts-)Ingenieurwesen | Naturwissenschaften und Informatik |
|---|---|---|
| 40 % | 40 % | 15 % |

| Andere
  5 %

Hierarchiestufen: drei

Consultant | Project Manager | Vice President

Anteil Frauen: 30 Prozent

Beraterstruktur: 40 Prozent der Berater/innen verfügen über Berufserfahrung, sei es aus der Industrie oder Beratung. 60 Prozent kommen entweder direkt nach ihrem Master-Abschluss oder ihrer Promotion zur SMC; Doppelqualifikation ist wünschenswert.

Where do Alumni go? :

70 % bleiben bei Siemens, davon wechseln ca. 50 % auf strategische Rollen, 50 % in operative Positionen. Berater, die SMC verlassen, machen sich oft mit eigenen Unternehmen selbständig oder wechseln die Branche.

Brand-Aussage der Inhouse-Beratung/Claim: „SMC. Living Strategies."

Siemens
**Management
Consulting**

Duale Mission: Wir haben das Ziel, die Wettbewerbsfähigkeit von Siemens durch unsere Projekte nachhaltig zu steigern. Darüber hinaus ist es unsere Aufgabe, die Führungskräfte von morgen für das Unternehmen auszubilden.

Unserer „People Mission" werden wir gerecht durch:

- frühe Exposure unserer Berater/innen mit dem Top-Management des Siemens Konzerns
- explizite Berücksichtigung der People Mission bei der Besetzung der Projektteams, d.h. globales Staffing, enger Austausch zwischen den einzelnen Standorten, langfristige Entsendungen von Mitarbeitern in die internationalen Büros
- eigens entwickeltes Trainings-Curriculum für jede Senioriätsstufe mit bis zu 40 Trainingstagen in den ersten beiden Jahren
- ein attraktives Leave-Program (MBA / Promotion / „Surf"-Leave)
- ein erfolgreiches Mentoring-Programm
- eine ausgeprägte Feedbackkultur (inkl. Upward Feedbacks) und Coaching Angebot

# DAX-30-Konzern: Volkswagen Aktiengesellschaft

# VOLKSWAGEN
### AKTIENGESELLSCHAFT

Name: Volkswagen Consulting. Die Managementberatung des Volkswagen Konzerns.

Gründung: 1999

Standorte: Wolfsburg, Peking

Anteil internationaler Projekte: 50 Prozent

Anzahl der Projekte im Jahr: > 200

Dauer der Projekte: drei bis vier Monate

Anteil der Projekte nach:

| Strategie | IT | Innovation & Produktentwicklung | Prozessoptimierung | Sonstige |
|---|---|---|---|---|
| 50 % | 10 % | 15 % | 10 % | 15 % |

Anteil vorstandsnaher Projekte: 60 Prozent

Organisation: Profitcenter

Anzahl der Berater: 106

Educational Background der Berater/innen:

| BWL | Ingenieurswesen | Naturwissenschaften | Informatik | Sonstige |
|---|---|---|---|---|
| 45 % | 40 % | 5 % | 5 % | 5 % |

Hierarchiestufen: sechs

Consultant | Senior Consultant |Project Manager | Senior Project Manager |Associate Principal | Principal

Alterszusammensetzung der Berater/innen:

| <30 Jahre | 31–35 Jahre | 36–42 Jahre | > 43 Jahre |
|---|---|---|---|
| 30 % | 30 % | 30 % | 10 % |

Anteil Frauen: 25 Prozent

Beraterstruktur:

| direkt von der Uni | aus externer Beratung | aus der Muttergesellschaft |
|---|---|---|
| 40 % | 40 % | 10 % |

| aus der Industrie |
|---|
| 10 % |

Where do Alumni go? :
95 Prozent in Linienfunktionen im Konzern, 5 Prozent extern

## VOLKSWAGEN CONSULTING
DIE MANAGEMENTBERATUNG DES VOLKSWAGEN KONZERNS

Brand-Aussage der Inhouse-Beratung: Mobilität beginnt im Kopf

Vision der Volkswagen Consulting: „1st Choice in Management Consulting!"

Daraus definiert ist die Mission:

Die erste Wahl bei Top Talents, Clients und Management Positions zu sein, gemessen an folgendem Anspruch:

- Wir haben die besten Berater und werden als Top Inhouse- und Automotive Beratung wahrgenommen.
- Wir sind der erste Ansprechpartner für Managementberatung im Volkswagen Konzern und übertreffen die Erwartungen unserer Kunden.
- Wir sind erster Ansprechpartner für Top-Talente, und unsere Alumni besetzten Top-Funktionen im Konzern.

Alleinstellungsmerkmale:

- Wir sind die interne Managementberatung von Europas größtem Automobilhersteller und verbinden somit das Beste aus Top-Managementberatung und Automobilindustrie.
- Wir begleiten unsere Kunden von der Konzeptentwicklung bis zur Implementierung. Dadurch schaffen wir einen bleibenden Mehrwert für den Volkswagen Konzern.
- Wir fördern unsere Mitarbeiter durch individuelle Schulungen, entwickeln Persönlichkeit und Führungskompetenz stetig weiter und sind damit ein einzigartiges Karrieresprungbrett.

Recruitingbotschaft:

- Die Volkswagen Consulting bietet Bewerbern die Möglichkeit, in einem abwechslungsreichen Projektumfeld mit hoch motivierten Kollegen die Arbeit in einem internationalen Konzern kennenzulernen. Unsere Berater knüpfen ein weitreichendes Beziehungsnetzwerk und lernen die Herausforderungen im Unternehmen kennen. Dies ermöglicht einen erfolgreichen Wechsel in eine Führungskarriere in der Volkswagen Group weltweit.

# DAX-30-Konzerne:
## Medianwerte von 16 bedeutenden Inhouse-Beratungen

Frank Höselbarth, people+brand agency

Nimmt man die Durchschnittswerte aller 16 Porträtdaten der dargestellten Inhouse-Beratungen, ergibt sich folgendes Gesamtbild der Medianwerte:

Grundlage: Anzahl der Porträts (nn=16)
14 von 17 DAX-30-Konzernen mit Inhouse Consulting (= 83 %)
Namen der Inhouse-Beratungen: (vgl. Übersicht der Porträts)
Gründungen: Mehrheit seit Mitte der 90er Jahre bis 2012 (mit Vorläufer-Formen sowie Neugründungen)
Anteil internationaler Projekte: 59 Prozent
Anzahl der Projekte im Jahr: 82 (insges. 1.315 Projekte)
Dauer der Projekte: ca. drei bis sechs Monate (manche mehrjährig laufende Projekte)
Anteil der Projekte nach:

| Strategy related projects | Operations related projects | Other |
|---|---|---|
| 33 % | 37 % | 30 % |

Anteil vorstandsnaher Projekte: 56 Prozent
Organisation: neun Profitcenter, sieben Costcenter, die nach internen Verrechnungssätzen kostendeckend arbeiten
Anzahl der Berater: 93 (außer BSH), insgesamt 1.400 Berater/innen
Educational Background der Berater/innen:

| Economics | Engineering | Science | Informatik | Sonstige |
|---|---|---|---|---|
| 55 % | 20 % | 12 % | 7 % | 7 % |

Hierarchiestufen: fünf
Alterszusammensetzung der Berater/innen:

| <30 Jahre | 31−35 Jahre | 36−42 Jahre | > 43 Jahre |
|---|---|---|---|
| 34 % | 31 % | 20 % | 15 % |

Anteil Frauen: 36 Prozent
Beraterstruktur:

| Uni | externe Beratung | Muttergesellschaft und Industrie |
|---|---|---|
| 36 % | 34 % | 30 % |

Where do Alumni go?:
80 Prozent in Linienfunktionen im Konzern, 20 Prozent extern
Branding-Aussagen: Alle Inhouse-Beratungen definieren ihr Selbstverständnis und Alleinstellungsmerkmal in Branding-Aussagen.

Das Inhouse Consulting der DAX-30-Konzerne 2014 hat aufgrund der Auswertung der Mediandaten der führenden Beratungs-Units folgende Strukturen. 17 der 30 DAX-Konzerne verfügen über dezidiert sich als Inhouse Consulting verstehende Beratungs-Units. Von diesen 17 IHC-Einheiten wurden 14 (Anteil 83 Prozent) nach leitenden Kennziffern porträtiert. Daraus ergibt sich folgendes Gesamtbild für die aktuelle Situation des Inhouse Consulting der DAX-30-Konzerne und zwei Inhouse-Beratungen von anderen renommierten Großunternehmen:

Die Mehrheit von elf Inhouse-Beratungen wurde in dem Jahrzehnt von 1995 bis 2004 gegründet. Seit 2011 folgte wieder eine Reihe von Neugründungen, die bis heute, etwa mit Daimler Inhouse Consulting im Jahr 2015, anhält. Im Jahr 2014 hat Beiersdorf seine Inhouse-Beratung eingestellt.

Der Anteil internationaler Projekte liegt heute bei knapp 60 Prozent. Überdurchschnittlich hoch ist dieser Anteil mit über 80 Prozent in den Branchen Chemie/Pharma sowie der Automobil-(Zulieferer-)Industrie.

Insgesamt wurden im Jahr 2014 von den 16 Inhouse-Beratungen 1.315 Projekte durchgeführt, das entspricht durchschnittlich 82 Projekten pro IHC. Die Dauer der Projekte umfasst dabei jeweils drei bis sechs Monate mit einem geringeren Prozentsatz an langlaufenden Projekten zwischen zwei bis vier Jahren.

Der Hauptanteil aller Projekte entfiel mit knapp 40 Prozent dabei auf die Operations, während strategische Themen nur zu etwa einem Drittel betreut wurden. Innerhalb der letzten fünf Jahre hat sich eine Trendumkehr zwischen Strategie und Operations abgezeichnet. Danach wird Strategie von Anfang an wesentlich nach Kriterien operativer Exzellenz bemessen.

Der Anteil der direkt vom Vorstand oder vorstandsnah beauftragten Projekte liegt bei knapp 60 Prozent. Die Organisation von IHC-Units ist beinahe paritätisch verteilt, jeweils rund zur Hälfte sind die Inhouse-Beratungen der DAX-Konzerne als Profitcenter oder als Costcenter aufgestellt, die nach internen Verrechnungssätzen kostendeckend arbeiten. Die Auslastungsquote bei allen Inhouse-Beratungen ist sehr hoch. Es gilt bei ihnen das Diktum: „Beratung wird nicht verkauft, sondern gekauft" (Roland Berger).

Die Berateranzahl liegt mit 93 Consultants pro IHC knapp unter der Zielmarke von 100 Mitarbeitern, die für Konzerne mit einer Markt-kapitalisierung und Mitarbeiterzahl von über 100.000 Konzern-Beschäftigten die leitende Größe ist; Tendenz wachsend aufgrund des gestiegenen Konzernbedarfs an eigenen guten Beratern. Insgesamt verfügen die genannten großen DAX-Unternehmen über rund 1.400 Berater/innen.

Ihr Ausbildungshintergrund ist mit 55 Prozent mehrheitlich von Economics (BWL/VWL) geprägt, gefolgt von den (Wirtschafts-)Ingeni-eurwissenschaften, den jeder fünfte Berater als seinen Educational Background mitbringt. Naturwissenschaftler und Informatiker sowie Hochschulabsolvent geistes- oder sozialwissenschaftlicher Fakultäten ist jeweils nur etwa jeder zehnte Berater.

Parallel zu den Hierarchiestufen externer Unternehmensberatungen ist auch das IHC mit durchschnittlich fünf Ebenen und Senioritätsstu-fen aufgebaut. Es gibt interne Beratungseinheiten, die nur zwei oder drei Hierarchieebenen eingezogen haben. Das Karrieremodell des Up-or-Out, nach dem die Laufbahn externer Unternehmensberatungen zumeist strukturiert und incentiviert ist, wird bei den großen IHC-Units durch das Laufbahnmodell einer gezielten Konzernperspektive ersetzt, das eher nach inhaltlichen Motiven und Anreizen sowie selbständige-ren Rollenmodellen strukturiert ist. Die große Mehrheit der Inhouse Berater, die ihre Laufbahn im Konzern begonnen haben, verbleibt im Konzern und setzt ihre Karriere im Konzern in Linienfunktionen fort.

Rund ein Drittel der Berater ist jünger als 30 Jahre und kommt direkt von der Hochschule ins IHC der DAX-Unternehmen. Wieder ein knap-pes Drittel ist im Alter zwischen 31 bis 35 Jahren, nur 15 Prozent sind älter als 43 Jahre. Der Anteil der Frauen im Inhouse Consulting liegt bei 36 Prozent.

Die Beraterstruktur in der Zusammensetzung der IHC-Units ist sehr ausgewogen. Rund je ein Drittel kommt direkt von den Universitäten, rund ein Drittel wird von externen Unternehmensberatungen rek-rutiert, und das dritte Drittel stammt aus der Industrie, häufig vom eigenen Mutterkonzern. Diese Orchestrierung jeweils eines Drittels aus Universität, externem Consulting sowie Industrie scheint das ideale Mischungsverhältnis und die Zielgröße für die Komposition der Bera-tungsteams zu sein.

Bei dem Anteil der Berater, die direkt von der Hochschule ins IHC geht, fällt allerdings die Spreizung bei den unterschiedlichen IHC-Units der DAX-30-Konzerne auf: Bei einigen IHC-Einheiten liegt die Quote bei maximal zehn Prozent, während sie bei anderen DAX-Konzernen zwischen 60 und 80 Prozent beträgt. Beide Varianten sind stilbildend.

Where do Alumni go? – diese Frage verweist auf die intendierte Konzernperspektive für Inhouse-Berater, die nach einer gewissen Zeit im Consulting Linienfunktionen übernehmen sollen und darauf bewusst vorbereitet werden. 80 Prozent der Inhouse-Berater setzen ihre berufliche Laufbahn im Konzern fort, während nur 20 Prozent ihren Karriereweg extern weitergehen.

# VI.
# Checkliste zur Fehlervermeidung bei Aufbau und Führung des Inhouse Consulting und „lessons learnt"

## Von den Großen lernen

Die Porträtdaten der 16 führenden Inhouse-Beratungen beschreiben die Best Practices für die Leitung von IHC-Units. Aus ihnen lassen sich die „lessons learnt" für die Leitung und den Aufbau von Inhouse-Beratungen konkret ableiten.

Versteht man die Medianzahlen als Kennziffern, dann lassen sich aus diesen „Soll-Suggestionen" der Durchschnittszahlen richtungsweisende Handlungsempfehlungen für das Management und den Aufbau von internen Consulting-Units gewinnen. Diese Handlungsanleitungen dienen schließlich auch der Strategie einer Fehlervermeidung in der Führung von IHC-Units.

Was sich von den etablierten Inhouse-Beratungen der DAX-30-Unternehmen und anderen Großunternehmen im Einzelnen lernen lässt, stellen wir in Form einer übersichtlichen Checkliste dar (siehe S. 198 f.).

| | |
|---|---|
| Projektanteile | Operations nehmen einen höheren Stellenwert bei den Projekten ein als Strategy related projects, deren Anteil bei max. 33 Prozent liegen sollte; Tendenz: Die Operational Excellence wird an Wichtigkeit noch zunehmen. Strategie ist Umsetzung. Eine Strategie, die nicht in Operations transformiert wird, hat keine Bedeutung und betreibt Blindflug. |
| Organisation | Gegenwärtig paritätisch Profitcenter oder Costcenter mit der größeren Option für eine als Profitcenter aufgestellte Inhouse-Beratung, die ihre professionellen Dienstleistungen nicht nur dem eigenen Konzern, sondern auch im Wettbewerb zu den externen Unternehmensberatungen am Markt anbieten kann und will. Aber auch für rein intern agierende Beratungen hilft die Führung als Profitcenter, auf Projekte mit hohem Impact zu fokussieren – eben jene Herausforderungen, bei denen man für professionelle Beratung auch gerne marktübliche Tagessätze akzeptiert. |
| Mix des Ausbildungshintergrunds | Auf fachliche Diversität achten bei einem Schwerpunkt betriebswirtschaftlicher Kompetenz. Bei einer fachlichen Positionierung des IHC auf eine bestimmte Ausrichtung den Kompetenz-Mix in diese Richtung der Positionierung verschieben, etwa durch Gewinnung von Spezialisten mit ausgeprägter Thementiefe. Technisch-naturwissenschaftlich ausgerichtetes IHC benötigt die entsprechende Beratungs-Expertise dieser Wissensarbeiter. |
| Hierarchiestufen | Fünf Ebenen als durchschnittliche Kennziffer; Überprüfung der Hierarchie- und Anreizsysteme bei abweichender pyramidaler Aufstellung: Mehr Hierarchie bedeutet mehr Anreiz, aber auch mehr retardierenden Abstimmungsbedarf. Geringere Hierarchie bis zur „two-level-hierarchy" provoziert mehr Selbstinitiative und ein stärker inhaltliches Rollenverständnis. |

| | |
|---|---|
| Alterszusammen-setzung der Berater/innen | Bei einem angezielten Anteil über 35 Prozent direkter Hochschulabsolventen im Alter bis 30 Jahren kann leicht das Problem mangelnder Akzeptanz im Konzern entstehen mit dem Nachteil fehlenden Benchmark-Wissens. Daher sind erforderlich: <br> a. intensives Hochschulmarketing mit Recruiting-Message als Top Choice für die Jahrgangsbesten, und <br> b. nachhaltige Personalauswahl mit prognostischen Zielbildern. Bei einer Quote von 15 Prozent über 43 Jahre wieder eine Ausgewogenheit der Generationen anstreben, aber auch keinem Jugendlichkeitswahn verfallen; Belastbarkeit und Dynamik im Team wahren und Erfahrung nutzen. |
| Internationalität | 60 Prozent Internationalität der Projekte anstreben, branchenabhängig, Teams an Diversity ausrichten. |
| Beraterstruktur | Über ein Drittel von externen UB negativ: Besserwisserei, schwerer integrierbar, Arroganzverdacht; unter einem Drittel: zu geringe „Outside-in-Perspective". Abweichend von einem Drittel von Industrie negativ: geringere Veränderungsbereitschaft, Transformationshindernis („Haben wir schon immer so gemacht."), Hierarchiedenken. |
| Where do Alumni go? | Bei geringerem Prozentsatz als 80 Prozent Überprüfung des internen Karrieremodells der Konzernperspektive angezeigt, äußere Einflüsse wie etwa Unsicherheitsfaktoren durch Wirtschafts- und Finanzkrise auf Unternehmen und gesellschaftliches Image reflektieren. |

# VII.
# Exkurs: Pragmatismus

Frank Höselbarth, people + brand agency

Der folgende kurze Exkurs über die Denkrichtung des Pragmatismus mag dem philosophisch (wahrscheinlich) nicht vorgebildeten Leser zunächst befremdlich erscheinen. Er wird den Exkurs als völlig abstrakt und wirklichkeitsfremd abtun. Tatsächlich aber verhält es sich umgekehrt, nämlich dass die scheinbare Abstraktheit gerade die konkrete Wirklichkeit moderner Beratung begründet. Beratung in ihrer höchsten Qualität wird heute durch und durch von Pragmatismus bestimmt. Philosophischer Pragmatismus ist der Schlüssel zu guter Beratung. Wer Consulting wirklich verstehen und betreiben möchte, kommt nicht daran vorbei, dessen gedankliche Wurzeln zu erkennen, die im philosophischen Pragmatismus liegen. In der Lebenspraxis der modernen Industriegesellschaft ist Pragmatismus heute eine der Philosophien, die Theorie und Praxis faktisch vermitteln. Auf diesem Denkweg kann gezeigt werden, wie sich theoretische Beratung in praktische Umsetzung transformiert. Die Aufhebung der Strategie in Umsetzung hat ihre Ursprünge im amerikanischen Pragmatismus. Ohne ihn, dessen Vater der Wissenschaftstheoretiker und Philosoph Charles Sanders Peirce gewesen ist, kann man die gegenwärtige Entwicklung der Managementberatung in Richtung Umsetzung, der Umwandlung von Theorie in Praxis, nicht nachvollziehen.

Die Ergebnisse des philosophischen Pragmatismus machte etwa der Managementberater Peter F. Drucker fruchtbar. Ein Berater habe definitionsgemäß keine andere Autorität als die „Autorität des Wissens". Ein Wissensarbeiter wie beispielsweise ein Berater stelle keine physischen Erzeugnisse wie etwa ein Paar Schuhe oder ein Maschinenbauteil her. „Er produziert Wissen, Ideen und Informationen", schreibt Drucker in „The Effective Executive" (2014, S.16), „Für sich allein sind diese ‚Produkte' nutzlos... und nicht mehr als bedeutungslose Daten, wenn wir sie nicht auf unser Handeln und Verhalten anwenden." Nur indem diese „immateriellen Informations-Produkte" in die Praxis umgesetzt werden, können sie etwas bewirken und effektiv werden. Ein Berater muss effektiv sein, also seine „Produkte" in handlungsfähige Leistungen umsetzen — „denn sonst ist er überhaupt nichts... oder bestenfalls ein Hofnarr" (ebd., S.31).

Im Jahr 2015 veröffentlichte die Managementberatung A.T. Kearney ein Buch über „The Future of Strategy". In der Publikation unterscheiden die drei Herausgeber Johan Aurik, Martin Fabel und Gillis Jonk eine „Future-Focused versus Traditional Business Strategy". Für eine „Future-Focused Strategy" rekurrieren sie auf ein Denken in empirisch überprüfbar Hypothesen und beziehen sich dabei auf Charles Sanders Peirce, den Vater des amerikanischen Pragmatismus:

„This assessment is not based on traditional inductive or deductive logic: 'Is it true?' or 'Can I prove that?' Rather it is based on abductive reasoning, a kind of logic pioneered by American philosopher Charles Sanders Peirce" (McGraw Hill 2015, S. 24).

Der Verweis auf die von Peirce (1839—1914), den „größten amerikanischen Denker" (Karl-Otto Apel) entwickelte „abduktive Logik" ist erkenntnisleitend, weil man durch den Rekurs auf den philosophischen Pragmatismus die begrifflichen Wurzeln verstehen lernt, die für die Entwicklung der Strategie als transformierter Umsetzung (strategy through execution) letztbegründend verantwortlich ist. Aber was genau meint Hypothesenbildung durch abduktives Denken im Gegensatz zu einem induktiven oder deduktiven Schlussverfahren?

Pragmatismus verbindet Theorie mit Praxis, die jener immer schon vorausläuft. Ein theoretisches Konzept kann nicht außerhalb der Praxis des Lebens gedacht werden, „so, als könne man zuerst in reiner, interesseloser Kontemplation das Wesen der Dinge erkennen und dann erst die Praxis an der Theorie orientieren" (Karl-Otto Apel, „Der Denkweg von Charles S. Peirce", Frankfurt am Main 1975, S. 12). Es geht um „das Problem der vorgängigen Vermittlung des theoretischen Sinns durch reale Praxis" (ebd., S. 61), das zeige, warum Strategie als „Blaupause" ohne praktischen Realitätsbezug bedeutungslos ist.

Die Geburtsurkunden des amerikanischen Pragmatismus bilden die beiden Aufsätze „The Fixation of Belief" (1877) und „How to Make Our Ideas Clear" (1878) von Charles. S. Peirce. Der damals Ende 20-jährige Wissenschaftstheoretiker, Geodät und Diplom-Chemiker aus Cambridge, Massachusetts/USA entwickelte die neue Denkrichtung des Pragmatismus in der vertieften Auseinandersetzung mit der Erkenntnistheorie und praktischen Philosophie Immanuel Kants.

Der insbesondere in den angelsächsischen Ländern vertretene Pragmatismus lehrt, dass „alle unsere Begriffe, Urteile und Überzeugungen nur Regeln für unser Handeln (Pragma) (sind), die so viel sogenannte ‚Wahrheit' besitzen, als sie Nutzen für unser Leben haben." (Apel, S. 26)

Peirce's Überlegungen kulminieren in einer als „Pragmatische Maxime" bekannt gewordenen Definition:

„Überlege, welche Wirkungen, die denkbarerweise praktische Relevanz haben könnten, wir dem Gegenstand unseres Begriffs in unserer Vorstellung zuschreiben. Dann ist unser Begriff dieser Wirkungen das Ganze unseres Begriffs des Gegenstandes." (Peirce, Collected Papers [CP] 5.402)

Die Bedeutung eines Begriffes oder eines Gedankens liegt der „pragmatischen Maxime" zufolge darin, welche Wirkungen dieser auf unser Verhalten und mögliche Handlungsweisen erzeugt. Vernunft bekommt die Gestalt von Verhaltensgewohnheiten, die sich als „Habits of Action" etablieren (vgl. ebd. S. 68 f.).

Die Unterscheidung von „Deduktion", „Induktion" und „Hypothesis" in Form abduktiver Schlüsse ist die wichtigste Entdeckung von Peirce auf dem Feld der Logik. Die „Pragmatische Maxime" gewinnt dabei die Schlüsselfunktion für die Hypothesenbildung.

Eingeleitet hatte Peirce seine Frühschrift „The Fixation of Belief" mit der Feststellung: „Nur wenige kümmern sich darum, Logik zu studieren, weil jeder sich in der Kunst des schlußfolgernden Denkens schon tüchtig glaubt. Aber, wie ich beobachte, ist diese Zufriedenheit auf das eigene Schlußfolgern beschränkt." (CP, 5.358, in „Die Festlegung einer Überzeugung", aus: „Philosophie des Pragmatismus", S. 61).

Ein empirischer Satz mit einer prädikativen Aussage der Form „Dies Ding ist so" ist laut Peirce zunächst eine Deutungshypothese, die als ein konfuser Eindruck unserer Wahrnehmung durch ein Sinnesdatum gegeben ist, aber mehrere allgemeine Voraussetzungen enthält: Der induktive Schluss „Dies Ding ist so" enthält die allgemeine Prämisse: „whatever should have this name would be thus" (Deduktion) und den hypothetischen Schluss, der vage in der induktiven Aussage vorausgesetzt ist: „This thing is one of those which have this name" (Apel, Der Denkweg von Charles S. Peirce, S. 83).

Ein allgemeiner Begriff dessen, was in der Aussage über eine Eigenschaft (Prädikation) eines Dinges festgestellt wird, muss vorausgesetzt sein, um diese Aussage treffen zu können. „Es ist vollkommen richtig, daß in allen weißen Dingen Weiße (whiteness) ist, denn das besagt nur, in anderer Redeweise ausgedrückt, daß alle weißen Dinge weiß sind" (Apel, a.a.O., S. 63) Der allgemeine Begriff der „Weiße" muss angenommen werden — whatever should have this name would be thus (whiteness) — wenn wir sagen, „dies Ding ist weiß". Real ist „Weiße" aber nur kraft eines Denkaktes, der es erkennt. Die „Weiße" existiert nicht unabhängig davon, dass wir etwas als weiß erkennen und bezeichnen.

Auch die einfachste Farbempfindung enthält mehrere, komplexe Schlüsse. „Die einfachste Farbe ist fast so kompliziert wie ein Musikstück", schreibt Peirce. „Farbe (d.h. eine Farbempfindung) hängt von den Relationen zwischen den verschiedenen Teilen des Eindrucks ab; daher sind die Differenzen zwischen Farben die Differenzen zwischen Harmonien… Daher ist Farbe nicht ein Eindruck, sondern ein Schluß." (ebd., S. 84)

Für die drei zusammenspielenden Schlussverfahren gibt Peirce ein weiteres Beispiel in seiner Abhandlung über „Die Wahrscheinlichkeit der Induktion". Als Beispielsatz, der die drei Verfahren exemplifiziert, wählt der junge Peirce: „Die Bohnen aus diesem Sack sind purpurn." Welche Voraussetzungen liegen vor, um diese einfache Feststellung treffen zu können?

„Ich nehme aus einem Sack eine Handvoll Bohnen; sie sind alle purpurn, und ich schließe, daß die Bohnen im Sack (im Allgemeinen) purpurn sind. Wie kann ich das erschließen? Nun, aufgrund des Prinzips, daß alles, was universal von meiner Erfahrung ist (hier das Aussehen dieser verschiedenen Bohnen), in den Bedingungen der Erfahrung eingeschlossen ist. Die Bedingung dieser besonderen Erfahrung ist die, daß alle diese Bohnen aus jenem Sack genommen sind." (ebd., S. 8) Liegen genügend Informationen für eine Hypothese vor, kann diese als Gesetzmäßigkeit in einem abduktiven Schlussverfahren formuliert werden. Die Induktion ist dann die Anwendung dieser Gesetzmäßigkeit. Über die 3 verschiedenen Schluss-Verfahren führt Peirce in seinen „Vorlesungen über Pragmatismus" (Collected Papers 5.189) folgende Tabelle an:

| Abduktion | Deduktion | Induktion |
|---|---|---|
| **Ergebnis**<br>Diese Bohnen sind purpun. | **Regel**<br>Alle Bohnen aus diesem Sack sind purpurn. | **Fall**<br>Diese Bohnen sind aus diesem Sack. |
| **Regel**<br>Alle Bohnen aus diesem Sack sind purpurn. | **Fall**<br>Diese Bohnen sind aus diesem Sack. | **Ergebnis**<br>Diese Bohnen sind purpurn. |
| **Fall**<br>Diese Bohnen sind aus diesem Sack. | **Ergebnis**<br>Diese Bohnen sind purpurn. | **Regel**<br>Alle Bohnen aus diesem Sack sind purpurn. |
| *hypothetischer Schluss vom Einzelnen und einer Regel auf eine Regelmäßigkeit* | *Schluss vom Allgemeinen auf das Einzelne* | *Schluss von einer üblichen Regelmäßigkeit auf das Allgemeine* |

Das Zusammenspiel von Hypothese bzw. Abduktion, Deduktion und Induktion definiert nach Peirce die „wissenschaftliche Methode", und dabei zeigt sich, dass nur die Abduktion „innovierend" ist: „Die Deduktion beweist, daß etwas der Fall sein *muß;* die Induktion zeigt, daß etwas *tatsächlich* wirksam *ist;* die Abduktion vermutet bloß, daß etwas der Fall *sein mag.*" (Collected Papers, 5.171). Den Erfolg der wissenschaftlichen Methode führt Peirce trotz ihres logischen bloßen Vermutungscharakters auf das „Herausfinden der richtigen Hypothese" zurück (Philosophie des Pragmatismus, Einleitung, S. 29). „Die Frage des Pragmatismus (ist) ... nichts anderes als die Frage nach der Logik der Abduktion" (5.196).

*Beratung ist Hypothesenbildung in diesem strengen logischen Sinn abduktiver Schlussweise.*

Die Allgemeinheit eines Begriffes (sogenannter Universalien) hängt davon ab, wie er im Gebrauch verwendet wird. Unabhängig von diesen Verhaltensgewohnheiten (habits) haben Allgemeinbegriffe keine Existenz. Es sind Verhaltensregeln, unter denen sich Allgemeinbegriffe realisieren. Wenn wir einen Begriff unter den regelnden „Habits" definieren, könnte etwa der Satz „Dies da ist Wein" bedeuten: „Dies da könnte man Trinken." Der Satz, „Dieses Ding ist Wein", fordert inhärent bereits zum Handeln auf. Der Satz enthält eine operative Handlungsanleitung, über die er erst seine Bedeutung gewinnt.

Am Beispiel eines Diamanten erklärt Peirce anhand der „pragmatischen Maxime" die Eigenschaft der Härte (des Allgemeinbegriffs Hart-Sein) und führt seinen Gedankengang anschließend in eine scheinbare Paradoxie.

„Laßt uns fragen, was wir damit meinen, wenn wir ein Ding *hart* nennen. Offenbar dies: daß es durch viele andere Substanzen nicht geritzt wird." (ebd., S. 144). Der Diamant bleibt beim Versuch ihn zu ritzen widerständig, d.h. er bleibt hart. Seine Eigenschaft der Widerständigkeit verifiziert sich in der potentiell beweisenden Handlung des Ritzens.

„Obwohl die Härte völlig durch die Tatsache konstituiert wird, daß ein anderer Stein gegen den Diamanten gerieben wird, so verstehen wir sie doch nicht dahin, daß der Diamant erst beginnt, hart zu sein, wenn der andere Stein gegen ihn gerieben wird." (ebd., S. 148). Er fährt fort und löst die Paradoxie auf: „Die Härte des Diamanten, die mit dem Diamantsein zugleich beginnt, wird nicht durch irgendwelche „tatsächlichen" Tests konstituiert, sondern durch das reale ‚Gesetz', demzufolge in allen Test, die einer bestimmten Vorschrift gehorchen, bestimmte ‚sensible effects' auftreten *würden*." (ebd., S. 149).

Um das Wort „Härte" eines Diamanten verstehen zu können, muss nicht jedes Mal tatsächlich das empirische Experiment der Ritzbarkeit durchgeführt werden. Die Aussage über die Härte der Kohlenstoffverbindung des Diamanten ist eine „would-be-Conditionalis"-Definition („kontrafaktischer Konditionalis des would or should-be"): Das heißt, immer dann, wenn jemand das Experiment durchführte, den Diamant zu ritzen, würde sich als Ergebnis seine Widerständigkeit bei diesem Versuch zeigen. Der Satz „Der Diamant ist hart" enthält ein hypothetisches Urteil und einen „quasi-externen" Akt eines Experimentators. Der Satz hat seine Bedeutung prinzipiell nur dann, wenn er durch faktische Handlungen oder Erfahrungsdaten im Experiment auf seinen Aussagegehalt überprüft werden kann. Ausgeschlossen für die Bedeutung des Satzes ist die „Unterstellung metaphysischer Entitäten", die existierende Idee einer „Härte", sondern der Satz hat seinen Sinn nur „im Hinblick auf mögliche Praxis und mögliche Erfahrungen der Menschen" (ebd., S. 323). Probleme der traditionellen Ontologie oder des „Universalienrealismus" werden eliminiert oder aufgelöst in Probleme der reinen Sprachlogik. Für die Feststellung der Wahrheit von Sätzen müssen wir eine Wissenschafts- und Kommunikationsgemeinschaft unterstellen, die „in the long run" diese hypothetische Aussage experimentell überprüfen und durch Erfahrung verifizieren („härten") könnte. Die Verifikation der diffusen Hypothese setzt als regulatives Prinzip der Erfahrung eine Forschergemeinschaft voraus.

W. James, ein amerikanischer Kollege von Peirce, schreibt in „The Will to believe" daher, dass Wahrheit nur durch praktische Entscheidungen hindurch *zu machen* ist. Er verwendet das „Bild vom Bergsteiger, der eine Gletscherspalte zu überspringen hat und der durch die Glaubensentscheidung, die in den Sprung eingeht, praktisch dazu beiträgt, die geglaubte Wahrheit wahr zu machen." (ebd., S. 330). Wahrheit wird nach diesem wissenschaftslogischen Modell der „Veri-fikation" erst zur Wahrheit gemacht. Der Weg entsteht dadurch, dass er gegangen wird, die Wahrheit ist praktisch immer erst herzustellende Wahrheit. Wahre Aussagen bestehen nicht in der traditionellen Übereinstimmung von Denken und Dingen, sondern der experimentelle Charakter wahrer Aussagen zeigt sich im Prozess ihrer „Veri-fikation", durch den wir sie „wahr-machen".

Die prüfenden Verhaltensweisen der Hypothesen über einen Gegenstand sind keine tatsächlichen Handlungsweisen, sondern „normative Anleitungen für mögliches Handeln", das in einem Gedankenexperiment antizipiert werden könnte. Die Eigenschaft der Härte des Diamanten wird konjunktivisch formuliert als ein „contrary to fact"-conditionalis: „Selbst wenn sie (sc. die Umstände) im Gegensatz zu aller vorherigen Erfahrung stehen würden" (ebd.,S 140), bliebe der Diamant hart.

Revolutionär wirkte der von Peirce begründete Pragmatismus, weil er die klassische Vorstellung von Wahrheit im Sinne der klassischen „Korrespondenztheorie" aufhob. Nach der bis auf Aristoteles zurückgehenden Wahrheitstheorie als Übereinstimmung von Gedanken/Satz mit dem bezeichneten Gegenstand ist eine subjektive Aussage genau dann wahr, wenn sie mit den Tatsachen der objektiven Welt übereinstimmt. Die Bedeutung eines Begriffs korrespondiert nach der Korrespondenz- oder Abbildtheorie mit dem reellen Gegenstand, der als dessen Bedeutung durch einen Begriff bezeichnet wird (die Bedeutung des Wortes „Haus" ist demnach bloßes Abbild des Gegenstandes des Hauses; die Bedeutung von „Haus" ist das Haus).

„Narrowly speaking, the correspondence theory of truth is the view that truth is correspondence to a fact...But the label is usually applied much more broadly to any view explicitly embracing the idea that truth consists in a relation to reality. (Marian David, „The Correspondence Theory of Truth", in: Stanford Encyclopedia of Philosophy, 2009)

Peirce definierte im Gegensatz zur klassischen Korrespondenztheorie Wahrheit pragmatisch in der Weise, dass er sie in Handlungstheorie umdeutete. Wahrheit entsteht erst in der Handlung, in der sie sich in „Habits of Action" und faktischen Gewohnheiten verkörpert. Wahrheit beruht auf einer festen Überzeugung, die sich in der Bereitschaft zum Handeln ausdrückt. „Überzeugung ist eine Haltung oder Disposition der Bereitschaft zum Handeln, wenn sich eine Gelegenheit bietet" (ebd., S. 113). Der schottische Philosoph Alexander Bain, auf den sich Peirce in dessen „belief-doubt-theory" bezieht, drückt den Gedanken der pragmatischen Auflösung einer Überzeugung („belief") aus als „that judgement from which a man will act." (ebd., S. 87) In der Formulierung der „pragmatischen Maxime" gilt: „Das Wesen einer Überzeugung ist die Einrichtung einer Verhaltensweise („habit")." (ebd., S. 136)

Die Implikationen einer Umdeutung von Wahrheitsfragen in Verhaltensweisen in der Sprache hat in der Folge des von Peirce begründeten Pragmatismus der Philosoph Ludwig Wittgenstein durch eine Analyse sinnvoller und sinnloser Sätze durchgeführt. „Einen Satz verstehen heißt, wissen was der Fall ist, wenn er wahr ist." (Tractatus logico-philosophicus, Satz 4.024). Man kann also einen Satz verstehen, ohne zu wissen, ob er wahr ist. Genauer: die Wahrheit eines Satzes zu verstehen bedeutet, die Regeln zu kennen, nach denen er zu bestimmten Handlungen anweist und wie er gebraucht wird. „Die Bedeutung eines Wortes ist sein Gebrauch in der Sprache." (Wittgenstein, Philosophische Untersuchungen, Frankfurt am Main 1971 S. 43).

Wittgenstein gibt in den „Logischen Untersuchungen" ein einfaches Beispiel für die sprachkritische Transformation von Wortbedeutungen in pragmatische Handlungsanweisungen: Was etwa bedeutet der Ruf: „Platte!" Auf einer Baustelle fordert der Ausruf zu einer konkreten Handlung auf und bedeutet: „Bring mir eine Platte!" Die Bedeutung des Wortes „Platte!" ist in diesem Ruf nicht der Gegenstand, auf den sich das Wort bezieht, sondern ist die Handlungsdirektive, die der Ruf auslösen soll. In diesem Kontext ist das Wort nur als Handlungsanweisung zu verstehen. Die angelsächsisch analytische Sprachphilosophie und die moderne Sprechakttheorie verstehen in der Nachfolge von Wittgenstein Sprache als „Sprachspiel". Sprachspiele leiten zu einem Tun an und sind nur im Kontext konkreter Lebensformen zu verstehen. „Das Wort ‚Sprachspiel' soll hier hervorheben, daß das Sprechen der Sprache ein Teil ist einer Tätigkeit, oder einer Lebensform." (Philosophische Untersuchungen, S. 23). „Eine Sprache vorstellen heißt, sich eine Lebensform vorstellen", schreibt Wittgenstein (Philosophische Untersuchungen, S. 19) in Aufnahme der Peirceschen „pragmatischen Maxime", die er auf Sprache, Bedeutung von Worten und die Wahrheit von Aussagen bezieht.

Der sogenannte „linguistic turn" in der Philosophie bedeutet, alle (ontologischen) Wahrheitsaussagen über Dinge als Aussagen von Sätzen zu transformieren, die in einer sinnkritischen Methode daraufhin untersucht werden, wie ihr Gebrauch in konkreten Lebensformen geregelt ist. Die Bedeutung etwa des Allgemeinbegriffs „Härte" ist keine linguistische Universalie, die unabhängig von ihrem Gebrauch in konkreten Sprachspielen besteht. Sinn hat das Wort und verstehbar wird „Härte" lediglich durch den potentiellen Versuch, etwa den Diamanten zu ritzen und dabei festzustellen, ob der Gegenstand Widerständigkeit zeigt oder nicht.

Das größte Problem der philosophischen Erkenntnistheorie ist nach Kant die Frage, wie synthetische Sätze a priori möglich sind, wie also Allgemeinbegriffe in empirisch kontingenten Erfahrungssätzen enthalten sind, damit allgemeine Aussagen überhaupt getroffen werden können. Peirce hat das Problem durch die Bildung hypothetischer (abduktiver) Urteile nach der „Pragmatischen Maxime" übersetzt. Dabei hat sich gezeigt, dass Wahrheit von Aussagen nur über die Möglichkeit ihrer praktischen Handlungsformen realisiert und verstanden werden kann. Handeln ist nach pragmatischer Vorstellung „das *einzige* Ziel und der Zweck des Denkens" (8.212). Handlung ist die „Aktualisierung des Denkens, das ohne Handeln ungedacht bleibt" (8.250). Handelnder oder Hofnarr zu sein ist die Alternative, vor die Pragmatismus den Berater stellt.

# Literatur

Apel, Karl-Otto, „Der Denkweg von Charles S. Peirce", Suhrkamp, stw 141, Frankfurt am Main, 1975

Aurik, Johan, Martin Fabel und Gillis Jonk, „The Future of Strategy", Mc Graw Hill Education, New York, 2015

David, Marian, „The Correspondence Theory of Truth" In: Stanford Encyclopedia of Philosophy, 2009

Drucker, Peter F. „The Effective Executive", Verlag Franz Vahlen, München, 2014

„Philosophie des Pragmatismus". Ausgewählte Texte von Ch.S. Peirce, W. James, F.C.S. Schiller, J. Dewey", Philipp Reclam jun., Stuttgart, 2002

Wittgenstein, Ludwig, „Philosophische Untersuchungen", Suhrkamp Verlag, Frankfurt am Main, 1971

Wittgenstein, Ludwig, Tractatus logico-philosophicus, Suhrkamp Verlag, Frankfurt am Main, 1971

# Epilog

Wie ist denn nun die Frage „Hat die Industrie die besseren Berater?" zu beantworten, wie sie der Untertitel des Buches formuliert. Die Antwort lautet: Es sind wesentlich die gleichen Berater, oder noch pointierter: genau zu einem Drittel sogar dieselben. Die Berater der Industrie oder der externen Consultingfirmen unterscheiden sich weniger in ihrer Typologie oder dem „Werkzeugkasten", in den sie greifen, um ihre Arbeit gut zu verrichten.

Der Unterschied liegt in ihrem Umfeld, oder anders gesprochen, in ihrem lebensweltlichen Kontext, in dem sie ihre Beratungsleistung erbringen. Sie unterscheiden sich nicht nach ihren Schwerpunkten, mehr strategisch oder mehr in der Umsetzung zu arbeiten; Strategie und Operations konvergieren immer stärker. Kooperationsformen sind im Entstehen begriffen, die das Verhältnis zwischen internen und externen Berater zur Industrie neu definieren.

Es ist wie in dem salomonischen Urteil, in dem der israelitische König zwei Frauen, die beide behaupten, Mutter eines Kindes zu sein, droht, dieses in zwei Hälften zu zerschneiden, um beiden angeblichen Müttern wenigstens eine Hälfte ihres Säuglings zu geben. Die wirkliche Mutter wird auf der Unversehrtheit des Kindes bestehen, es der anderen lieber ganz überlassen und selbst auf es verzichten, als nur eine Hälfte in den Händen zu halten. Beide Berater sind wesenhaft eins, die je andere Hälfte des Ganzen.

Der Unterschied zwischen internen und externen Beratern liegt darin, dass die einen zu Hause angekommen, während die anderen Consultants noch zu sich selbst unterwegs sind. Dabei ist es natürlich richtig, dass man sich und die anderen am ehesten nur „draußen" erkennt: „Der kürzeste Weg zu sich selbst führt um die Welt herum" (Graf Hermann Keyerling, Reisetagebuch eines Philosophen).

# Autorenverzeichnis

**Francis Deprez**

Francis Deprez ist seit 1. September 2011 CEO der Detecon International. Er verfügt über langjährige Erfahrung als Unternehmensberater, vor seinem Eintritt in den Telekom- Konzern 2006 war er 15 Jahre lang für die Beratungsgesellschaft McKinsey tätig, acht Jahre davon in der Funktion eines Partners. Bei der Telekom startete er zunächst als Senior Vice President des Center for Strategic Projects (CSP), bevor er 2007 Leiter der Konzernstrategie der Deutschen Telekom wurde. Unter seiner Führung wurden wichtige Strategieprojekte entwickelt, die die Telekom als globalen Marktführer für vernetztes Leben und Arbeiten (Connected Life & Work) positionieren.

**Bernhard Falk**

Bernhard Falk leitet als Director die Practice Group Post Merger Integration & Carve Out der BASF Management Consulting. Davor verantwortete er als Head of Competitive Intelligence die gruppenweite Wettbewerbsbeobachtung in der Strategischen Planung der BASF Gruppe. Sein Einstieg bei der BASF SE Ludwigshafen erfolgte im Jahr 2001 im internen Management Consulting in den Bereichen Organisation und Strategie. Der Ökonom, der unter den Top 5 Prozent der Jahrgangsbesten das Studium an der Universität Mannheim mit summa cum laude abschloss, arbeite zunächst als Wissenschaftlicher Mitarbeiter an der wirtschaftswissenschaftlichen Fakultät bei Prof. Dr. R. Vaubel. Nach seiner Forschungstätigkeit wählte er 1997 seinen beruflichen Einstieg bei Deloitte Consulting im Büro Hamburg.

## Dr. Rainer Feurer

Dr. Rainer Feurer begann seine Karriere als Berater u.a. für Strategieentwicklung und Prozessoptimierung bei Hewlett Packard. Im Jahr 1998 wechselte er in das Inhouse Consulting der BMW AG und später dann in die Linie um dort zahlreiche strategische Sales und Marketingprojekte zu führen. Im Jahr 2002 wurde er zum Vice President Program Planning ernannt, drei Jahre später leitete er dann die strategischen Planungsaktivitäten. In 2007 übernahm er die Funktion des Senior Vice President Corporate Strategy and Planning, Environment. In dieser Rolle verantwortete er die strategische (Langzeit-)Planung, Geschäftsentwicklung und M&A Aktivitäten für alle BMW Marken. Seit April 2013 fungiert Dr. Rainer Feurer als Senior Vice President Sales Strategy and Steering, Channel Development der BMW AG. Er begleitete die JV Gründung und ist seitdem Mitglied im Beirat von „The Retail Performance Company".

## Dr. Hartmut Fischer

Herr Dr. Hartmut Fischer ist Gründer und Leiter von DB Management Consulting, der führenden Top Managementberatung für die Deutsche Bahn mit mittlerweile 80 Mitarbeitern. Herr Dr. Fischer hat an der Stanford University den Master in Engineering Management erworben und berufsbegleitend an der TU Berlin zu Controlling promoviert. Er war dann mit Kienbaum Management Consultants und Arthur D. Little insgesamt 13 Jahre in der externen Beratung tätig, mit den Schwerpunkten Strategie, Operations und Organisation. Bei der Deutschen Bahn ist Hr. Dr. Fischer in größeren Transformationsprojekten zu Kostensenkung, Umsatzsteigerung und Digitalisierung engagiert. Er gehört zum Leitungsteam der Konzernentwicklung. Aus privatem Engagement hat Hr. Dr. Fischer ein Gymnasium mit dem Profil Begabungsförderung und Praxisnähe aufgebaut.

## Dr. Klaus-Peter Gushurst

Dr. Klaus-Peter Gushurst leitet als Partner und Mitglied des deutschen Leadership-Teams den Bereich Industries & Innovation bei PwC. Der promovierte Volkswirt begann seine Karriere 1991 bei PwC Strategy& (ehemals Booz & Company) wo er zunächst als Berater im Bereich Financial Services tätig war bevor er 1997 zum Partner und 2006 zum Senior Partner ernannt wurde. Zuletzt war er Sprecher der Geschäftsführung im deutschsprachigen Raum der Management-Beratung und Mitglied des Global Board. Er gilt als ausgewiesener Experte im Industriesektor und hat sich darüber hinaus einen Namen als Spezialist für Corporate Governance- und strategische Themen gemacht.

## Liudmila Hack

Liudmila Hack ist in St. Petersburg, Russland, geboren und studierte Financial Management an der University of Economics and Finance ihrer Heimatstadt, das sie mit Auszeichnung abschloss. Einen zusätzlichen MBA-Abschluss erwarb sie am Instituto de Empresa, Madrid, Spanien. In Deutschland begann sie ihre berufliche Laufbahn 2002 als Projekt Managerin bei dem Unternehmen trans-o-flex Schnelllieferdienst, für das sie anschließend von 2005 bis 2007 als Regional Manager Northern Europe verantwortlich war. Von 2007 bis 2010 arbeitete sie als Management Consultant bei The Boston Consulting Group im Büro Frankfurt. Im Jahr 2010 wechselte Frau Liudmila Hack ins Inhouse Consulting der BASF SE, Ludwigshafen und agierte als Projektleiterin für eine Reihe von Initiativen. Seit 2014 verantwortet sie als Director das globale Einkaufsgebiet Management Consulting Services.

## Dr. Gerhard Hastreiter

Dr. Gerhard Hastreiter ist seit 2012 Managing Partner bei Allianz Consulting, der Inhouse-Beratung der Allianz Gruppe. Der promovierte Physiker arbeitet seit 1993 für die Allianz, unter anderem in leitenden Funktionen in der IT, im Vertrieb und in internationalen Operations Projekten.

## Rainer Hoffmann

Rainer Hoffmann begann seine berufliche Laufbahn bei der Nixdorf AG. Es folgten einige Jahre im Siemens-Umfeld; im Bereich Krisenmanagement bei der Siemens Nixdorf Informationssysteme AG und bei der internen Unternehmensberatung Siemens Management Consulting der Siemens AG. Im Jahr 1997 gründete Rainer Hoffmann 1997 zusammen mit Dr. Thomas Zachau die h&z Unternehmensberatung AG und ist seitdem im Vorstand des Unternehmens tätig. Mit mehr als 120 Beratern steht h&z für Beratung mit Hirn, Herz und Hand und konzentriert sich auf die Optimierung von Geschäftsprozessen über die gesamte Wertschöpfungskette der Klienten. Rainer Hoffman arbeitet dabei mit Fokus auf die Branchen Automotive, Engineered Products, Telekommunikation, Aviation und Transportation. Er begleitete die JV Gründung und ist seitdem Mitglied im Beirat von „The Retail Performance Company"

### Dr. Frank Höselbarth

Dr. Frank Höselbarth ist Gründer und seit 1999 Geschäftsführer der people+brand agency, Frankfurt/Dubai. Der promovierte Kantianer ist als Personal- und Markenberater spezialisiert auf interne und externe Unternehmensberatungen.

### Dr. Horst J. Kayser

Dr. Horst J. Kayser ist seit November 2013 der Chief Strategy Officer bei Siemens. In dieser Funktion, ist er verantwortlich für die Entwicklung der Konzernstrategie bei Siemens und berichtet direkt an den Vorstandsvorsitzenden Joe Kaeser. Horst J. Kayser begann seine Kariere 1989 bei McKinsey & Company in Deutschland, Kanada und USA. 1995 wechselte er zu Siemens zunächst ins Inhouse Consulting. Ab 1998 war er Managing Partner der Siemens Management Consulting. Anschließend hatte er Management Positionen in verschiedenen Bereichen und Ländern inne, z.B. als CEO bei Siemens Ltd. Seoul, South Korea. 2008 wurde Dr. Kayser Vorstandsvorsitzender der KUKA AG, 2010 Geschäftsführer von 3W Power S.A./AEG Power Solutions. Seit 2009 ist er außerdem Mitglied im Aufsichtsrat von Kendrion N.V., NL. Dr. Kayser hat einen Abschluss als Diplom-Wirtschaftsingenieur/Elektrotechnik an der Technischen Universität Darmstadt und einen Master of Public Administration an der John F. Kennedy School of Government, Harvard Universität. Außerdem promovierte er in Betriebswirtschaftslehre (Dr. rer. pol.) an der Universität Mannheim.

## Birgit Kienzle

Birgit Kienzle ist Senior Manager bei der EY Managementberatung und verantwortet seit 2010 den Bereich Markets & Sales. Seit ihrem Einstieg 2001 bei Arthur Andersen befasst sie sich mit Marketing, Kommunikation & Business Development in der Beratungsbranche. Die Diplom-Betriebswirtin machte dabei Station in Frankfurt am Main, New York City und München.

## Dr. Christian Langer

Christian Langer begann bei Lufthansa Technik in 2004 und übernahm die Verantwortung für die Einführung schlanker Produktionsprinzipien in der Flugzeugwartung in Frankfurt. Im Oktober 2007 wurde er zum „Direktor Lean Produktion Management" in der Lufthansa Technik Gruppe, berichtend an den Produktionsvorstand ernannt. In dieser Rolle entwickelte Christian das „Lufthansa Technik Lean Production System", gründete die „Lean Academy" und unterstützte mit seinem Team die Lean Implementierungen in der Lufthansa Technik und ihren Tochtergesellschaften. 2012 übernahm er zusätzlich die Verantwortung für ein Restrukturierungsprojekt der Administration in der Lufthansa Technik, berichtend an den CEO. Darüber hinaus war Christian Langer bis August 2015 der Gründungsgeschäftsführer von Lumics, einem Gemeinschaftsunternehmen der Lufthansa Technik AG und McKinsey & Company. Lumics wurde im Juli 2013 gegründet und berät mittlerweile aus den Standorten Hamburg und Frankfurt Unternehmen bei der Implementierung nachhaltig effizienter Produktions- und Administrationsprozesse. Seit September 2015 ist Christian Langer Geschäftsführer der Lufthansa Technik Logistik Services GmbH und Mitglied des Beirates von Lumics. Christian Langer wurde an der WHU — Otto Beisheim School of Management promoviert nachdem er sein Informatikstudium mit einem Diplom der Universität Koblenz abgeschlossen hat.

## Felix Ludwig

Felix Ludwig leitet Siemens Management Consulting (SMC), die Top Management — Beratung der Siemens AG.Bei SMC durchlief er zunächst die klassischen Aufgaben als Berater und Projektleiter, bevor er 2010 zum Partner gewählt wurde. In dieser Rolle legte er seinen Schwerpunkt auf das Industriegeschäft und Vertriebs- und Wachstumsthemen.Vor seiner Tätigkeit bei SMC war er von 1999 bis 2005 in verschiedenen strategischen und operativen Rollen für General Electric tätig, wo er zuletzt das Marketing des Equipment Financing von GE Capital in Deutschland leitete. Felix Ludwig hat sein internationales Studium der Betriebswirtschaftslehre in Finnland, Australien und Deutschland als Diplom — Kaufmann an der HHL, Leipzig Graduate School of Management abgeschlossen.

## Björn Menden

Björn Menden ist seit Mitte 2003 bei der Detecon International, seit Januar 2009 als Partner. Zu seinen vorhergehenden Stationen gehört unter anderem Mercer Management Consulting. Von 2011 bis 2014 war er als Managing Partner im südafrikanischen Büro der Detecon tätig, wo er sich auf den erfolgreichen Aufbau neuer Kunden fokussierte. Zuvor verantwortete er seit 2009 den Aufbau des internationalen Geschäfts in den Themen Organisation, Prozesse und HR. Er berät als Managing Partner im Global Leadership Team Transformation, Organization and People Management Kunden in Afrika, Europa und Middle East bei der Umsetzung nachhaltiger Strategien und der Transformation ihrer Organisationen.

## Alexander Meyer auf der Heyde

Alexander Meyer auf der Heyde leitet Bayer Business Consulting, die interne Unternehmensberatung des Bayer-Konzerns. Er studierte zunächst Biologie an der Universität Tübingen und begann seine Karriere in der Grundlagenforschung am Max-Planck-Institut Tübingen. Nach einem MBA an der European School of Business Reutlingen stieg er bei Diebold Management- und Technologieberatung in die Managementberatung ein, bevor er zu Accenture in die Strategieberatung wechselte. Nach einigen Jahren im Frankfurter Büro von Accenture transferierte er ins Büro Neu Delhi, um von dort aus die Pharma Practice in Indien aufzubauen und als Partner zu leiten. Ein nächster Schritt führte ihn nach Shanghai, wo Alexander Meyer auf der Heyde für das Management Consulting im Bereich Pharmaceuticals & Medical Products für China verantwortlich war. Der Einstieg in den Bayer-Konzern erfolgte im Jahr 2011.


## Hans-Jürgen Müller

Hans-Jürgen Müller leitet Merck Inhouse Consulting. Er hat die konzerninterne Beratungseinheit im Jahr 2001 gegründet und zur heutigen globalen Gruppenfunktion der Merck KGaA entwickelt. Neben dem Beratungsauftrag hat Merck Inhouse Consulting die Aufgabe, Talente für den Konzern zu rekrutieren und zu entwickeln. Hans-Jürgen Müller studierte Chemie und Biologie an der Universität in Dortmund und kam 1985 zu Merck. Hier durchlief er bis zur Gründung von Merck Inhouse Consulting verschiedene Positionen in Marketing- und Sales sowie in zentralen Einheiten der Personal- und Organisationsentwicklung.

## Prof. Dr. Torsten Oltmanns

Torsten Oltmanns studierte Volkwirtschaft an der Universität Köln und wurde parallel dazu an der Kölner Journalistenschule zum Redakteur für Wirtschaft und Politik ausgebildet. Heute arbeitet Torsten Oltmanns als Partner bei Roland Berger Strategy Consultants in Berlin und London. Er verantwortet den Bereich Executive Communications und ist Chairman des Global Marketing der 50 Büros der Unternehmensberatung in 36 Ländern und berät Unternehmen und den öffentlichen Sektor in Fragen der strategischen Positionierung. Torsten Oltmanns ist Lehrbeauftragter für „Marketing&Kommunikation" an der Universität Innsbruck und „Visiting Fellow" der Universität Oxford.


## Olaf Salm

Olaf Salm leitet das Center for Strategic Projects der Deutschen Telekom AG. Er entwickelte und führt das Center als konzerninterne Beratungs- und Restrukturierungsfunktion, die sich auf die Umsetzung strategischer Projekte zur Restrukturierung und Umbau der Deutschen Telekom konzentriert. Der Diplom-Kaufmann hat einen Abschluss als Master of Business Administrations der WHU — Otto Beisheim School of Management/ Northwestern University — Kellogg School of Management, Chicago, und ist seit 1994 bei der Deutschen Telekom AG beschäftigt. Im Rahmen seiner Arbeiten hat sich Olaf Salm vorrangig mit Unternehmensentwicklung, Strategie und Internationalisierung befasst. Ein weiterer Schwerpunkt seiner Arbeiten ist nachhaltige Personalgewinnung und -entwicklung. Olaf Salm ist aktiv in Hochschularbeit engagiert und Mitglied des Advisory Boards des Post-Experience Programmes der WHU.

## Martin Scholich

Martin Scholich leitet als Partner und Mitglied des Vorstandes den Geschäftsbereich Advisory bei der Wirtschaftsprüfungs- und Beratungsgesellschaft PwC. Nach seinem Abschluss als Diplom-Kaufmann an der Universität zu Köln und einem Master of Business Administration an der Eastern Illinois University/USA stieg er im Jahr 1991 bei PwC im Bereich Corporate Finance ein. Er absolvierte die Ausbildung zum Wirtschaftsprüfer und Steuerberater. Im Jahr 1997 wurde Martin Scholich zum Partner und fünf Jahre später zum Mitglied des Vorstandes ernannt.

## Prof. Dr. Burkhard Schwenker

Prof. Dr. Burkhard Schwenker ist seit Juli 2014 Vorsitzender des Aufsichtsrats von Roland Berger Strategy Consultants. Diese Position hatte er bereits von Juli 2010 bis Mai 2013 inne. Seit 1998 Mitglied des Executive Committee (EC), wurde Schwenker 2003 von den Partnern zum Vorsitzenden des EC gewählt und 2006 für eine zweite Periode bis 2010 bestätigt. Von Mai 2013 bis Juni 2014 übernahm er interimsmäßig erneut den Vorsitz des EC. Schwenker studierte Betriebswirtschaftslehre sowie Mathematik und kam nach seiner Promotion 1989 zu Roland Berger. Inhaltlich steht Burkhard Schwenker für die Beratungsschwerpunkte Strategie, Organisation und Unternehmenstransformation. Er ist anerkannter Publizist und verfasst regelmäßig Bücher und Beiträge zu aktuellen Themen in den Bereichen Strategie, Führung und Management sowie zu wirtschafts- und industriepolitischen Fragestellungen. Zusätzlich lehrt er an der Handelshochschule Leipzig (HHL) strategisches Management und ist unter anderem Akademischer Co-Direktor des Center for Scenario Planning an der HHL sowie Mitglied im Vorstand des Verbandes der deutschen Hochschullehrer für Betriebswirtschaft. Darüber hinaus engagiert sich Burkhard Schwenker in gesellschaftspolitischen Institutionen und Stiftungen. So ist er unter anderem Vorsitzender des Vorstands der Roland Berger Stiftung und Mitglied im Kuratorium der Zeit-Stiftung.

### Dr. Kay Thielemann

Dr. Kay Thielemann ist Gründer und Leiter der Continental Business Consulting der Continental AG. Er absolvierte ein Studium des Bauingenieurwesens an der TU Dresden mit anschließender Promotion zum Dr.-Ing. für Maschinenbau an der Universität Kaiserslautern und der DaimlerChrysler AG, an deren Forschungszentrum Ulm/Stuttgart er als Wissenschaftlicher Mitarbeiter Leichtbau tätig war. Führungserfahrung in der Industrie gewann er u.a. als Lead Engineer und Team Leader der Bertrandt AG. Bei Dürr Consulting wurde er zum Senior Vice President berufen. 2011 gründete er die Inhouse Beratung der Continental AG, die er seither als Head of Business Consulting leitet.

### Joerg Wacker

Joerg Wacker ist von seinem akademischen Hintergrund Dipl.-Informatiker der FH Nürnberg.

1989 bis 1992 arbeitete er bei der Siemens AG im Bereich der Automatisierungstechnik mit dem Focus der Software Entwicklung für hochverfügbare Prozessleitstände. 1993 wechselte er zu dem Unternehmen SAP SE, Walldorf, für das er als Führungskraft die Programmleitung strategischer Kundenentwicklungsprojekte sowie die Leitung interner Strategie- und Änderungsprojekte übernahm. Bei der SAP Productivity Consulting Group ist er Experte für IT Transformation, Agile und Lean Management Prinzipien, Operational Change Management, Business Process Management, Six Sigma und Design Thinking.